Rudolf Steiner Collection

シュタイナー
コレクション
1

子どもの教育

高橋 巖——訳
Takahashi Iwao

筑摩書房

目次

第一部　霊学の観点からの子どもの教育

第二部

第三部　教育のためのお祈り——129

Rudolf
Steiner
Collection

シュタイナー
コレクション
1

子どもの教育

第一部

霊学の観点からの子どもの教育

Die Erziehung des Kindes
vom Gesichtspunkte der Geisteswissenschaft

はじめに

以下の考察は、初めは講演として、ドイツ国内のいくつかの都市で発表された。その内容を出版してほしいという声が方々から出された機会に、論文形式に書き改めた。

なお巻末に註をまとめたが、この補足の部分にも注意を促しておきたい〔本版では本文中に組み入れた——訳者〕。

一九〇七年

ルドルフ・シュタイナー

◉現代の教育事情

現代の生活はさまざまの点で、祖先から受けついできた事柄を疑わしいものにしている。そしてそこから多くの「時代の問題」、「時代の要求」が現れてきている。社会問題、婦人問題、教育と学校の問題、法律問題、保健衛生問題等、実にさまざまの「問題」が、今日、世間を騒がせている。人びとはこれらの問題に可能なかぎりの手段をもって対処しようとしている。どんな問題に対しても、それを「解決する」ための、あるいは少なくとも解決への手がかりになるような方策をもった人があとからあとから現れてくる。そしてさまざまなニュアンスを伴って、あらゆる種類の社会的な立場が主張されている。革命を求める過激派。既存のものを尊重しつつ、そこから新しいものを生み出そうとする穏健派。古くからの制度や伝統が少しでも侵害されそうになると、ただちに拒否反応を示す保守派。そしてこれらの主流の間には、あらゆる種類の中間派も見られる。

こういう現れのすべてに対して、少しでも人生を深く見つめようとする人なら、或る種の感慨を抑えることができないであろう。われわれの時代は人生の諸要求に不十分な手段でしか対応できないでいるからである。多くの人が人生の根底にあるものを本当に知ることなく、生活を改革しようとしている。未来に何をもたらすべきなのか、それについて何かを提案しようとするなら、人生のうわべの知識だけで満足することは許されない。人生の深層にまで洞察を深めなければならない。

人生全体は植物に似ている。植物は眼で見ることのできるものだけなのではない。その内部の隠された深みには、未来の状態も含まれている。新緑の葉をつけた植物を眼の前にする人は、しばらくすれば、葉をつけた枝から花が咲きいで、そして果実が実るようになることを知っている。そしてその植物は、現在すでに眼に見えぬところで、潜在的に、そのような花や果実を含んでいる。しかし、現在の眼に見えるものだけから植物を研究しようとするとき、一体このような花や果実の姿を言い当てることができるだろうか。植物の本質を知っている人だけが、それについて語ることができる。

人生全体もまた、内部に未来を潜在的に含んでいる。しかしこの未来を言い当てようとするなら、隠された人間本性への洞察を深めなければならない。けれどもわれわれの時代はそうしたいと思ってはいないらしい。表面の現れだけに関わろうとしている。そして外的観察の眼の届かぬところまで入っていけば、確かさが失われてしまう、と信じている。もちろん植物についてなら、話はずっと簡単である。同じような植物がこれまで何度も花を咲かせ、実をつけてきた。しかし人生は一回限りである。そして未来に咲かせる花々はまだ存在していない。しかし、それにもかかわらず、今新しく葉をつけはじめた植物の場合と同じように、人間の場合にも、未来の花々は潜在的にはすでに存在しているのである。

実際、人間本性の表面からその本質にまで洞察を深めていくならば、人間の未来についても何事かを語る可能性が出てくる。人生を深く洞察できたとき、現代のさまざまな改革も、本当に実り豊かな、実際に役立つものになりうる。

●霊学の人間認識

霊学は、人生の本質を包括的に洞察させるような実践的世界観を提供するという基本的な課題を担っている。霊学と言われている現代のさまざまな立場が、すべてこのような課題を担っているかどうかを問題にするつもりはない。むしろ何が霊学の本質なのか、霊学が本質的に何でありうるか、に注目しなければならない。霊学は灰色の理論として、単なる知的好奇心に迎合すべきでもなく、また利己心から、より高い能力を自分のために開発しようとする少数の人たちの道具になるべきでもない。それは今日の人類の最重要な諸課題のための、その福祉と向上のための共働者になるべきなのである。*

＊　この文章は、霊学が人生の包括的な問いにのみ関わろうとしているかのように理解されてはならない。この問いに答える試みの基礎を提供することができるだけでなく、霊学はまた、一人ひとりの人生と課題とのために、その人の人生がどんなものであろうとも、日常的な生活問題の答えやなぐさめや力づけや確信を汲み出す源泉になることもできるのである。霊学は偉大な人生の問いに応じる道を示そうとするだけでなく、日常生活の――一見――意味の見出せないような、その瞬間瞬間の身近な要求に対しても、応える用意ができている。

もちろんこのような人生の諸課題に応えようとすれば、周囲からのさまざまな不信に出会う覚悟がなければならない。人生のあらゆる分野における過激派と穏健派と保守派とが、霊学に対して不信感をぶつけてくるに違いない。なぜなら霊学の立場は、一切の党派的な営為のはるか彼方にあるので、その点でどんな党派をも満足させることができないであろうからである。

霊学の立場はもっぱら人生を認識することから出発しようとする。生きることの意味を本当によく知っている人は、人間の生そのものの中に、自分の諸課題を見出すことができる。だから決して、勝手に計画を立てたりはしないで、生を支配する根本法則は、未来においても現在と異なりはしないということをふまえて、現在の生に対する敬意を失わない。

現在の人生の中にどれほど多くの改良する余地があるとしても、この人生にこそ未来のための萌芽が見出せるということを、霊学研究は決して忘れない。しかし霊学研究はまた、すべてのものが成長し進化することをも知っている。したがって霊学研究者の眼には、変化と成長のための萌芽がいつでも、どこでも現れている。彼はどんな計画をも考案しない。ただ存在するものからそれを読みとる。そして読みとれたものが計画そのものになる。なぜなら存在は、それ自身のうちに進化の本性を担っているのだから。

私は霊学の立場から人間の本質を洞察するとき、現代の最重要な人生問題を解決するための実りある、実際的な手段が見出せるに違いないと考えている。

ここでは、そのような問いの一つである教育問題を取り上げて、霊学の立場からの問題解決の方法を読者の前に明らかにしてみたい。そのためには、現代の教育のための要求や課題を列挙するのではなく、もっぱら子どもの本質を記述しなければならない。教育の本質を洞察するための諸観点は、成長しつつある子どもの中からおのずと現れてくるものだからである。

成長しつつある子どもの教育を問題にするときは、人間の隠された本性そのものの考察から出発しなければならない。

◉肉体とエーテル体

人間の感覚によって観察できる部分、唯物論が唯一の人間本性であると主張している部分、つまり人間の肉体は、霊学研究にとっては、人間存在の一分肢であるにすぎない。この肉体は、物質の営みと同じ法則に従って、いわゆる無生物の世界のすべてと同じ素材、同じ力から合成されている。したがって、霊学は次のように述べる――人間は鉱物界全体とこの肉体を共有している、と。換言すれば、鉱物界の法則に従って働いている素材が、人間の場合にもその同じ法則に従って混合と結合と形成と崩壊を繰り返しているとき、霊学はそれを肉体と呼ぶのである。

この肉体を超えたところに、さらに第二の人間本性として、生命体もしくはエーテル体が働いている。ここで言う「エーテル」とは、物理学が仮説として立てているエーテルのことではなく、もっぱら以下に述べるような事柄についての呼び名なのである。

少し前まで、このような「エーテル体」について語ることは、この上なく非科学的なことだと思われていたが、十八世紀の終りから十九世紀の前半の頃までは、もちろんまだ「非科学的」ではなかった。当時の人びとは、鉱物の中に働く素材や力から生命存在が生じることはありえない、生命存在には「生命力」と言われる或る特別の「力」が内在しているに違いない、と考えていた。植物、動物、人体の中には、磁石の中の磁力が吸引作用をするときのような仕方で、力が働き、そして生命現象を生み出している、と想像していた。しかし、それに続く唯物論の時代になると、このような考え方は脇に押し退《の》けられてしまった。そして生きた存在もいわゆる無生物と同じ仕方で構成されている、と主張されるようになった。有機体においても、鉱物の場合と同じ諸力が働いているのだが、ただその働きかけがもっと複雑になっただけなのだ、その同じ力がより複雑に構成された存在を作り上げたのだ、というのである。しかし現在、「生命力」をこのように否定するのは、ごく限られた、最も頑迷固陋《がんめいころう》な唯物論者に限られる。一連の自然思想家たちは、生命力または生命原理のような何かを仮定せざるをえないような諸事実がある、と考えるようになった。

　このようにして現代科学は、或る意味では生命体（もしくはエーテル体）についての霊学の立場に接近している。とはいえ、近代科学と霊学との間には、非常にはっきりした相違がある。現代科学は感覚的に知覚された諸事実から、知性による考察を通して、一種の生命力を仮定するようになってきた。けれども、そういう考察によるのではなく、霊学が報告することは、別の道の上でなされた研究の成果なのである。

この点で、いかに霊学が現代の通常の科学と異なっているか、その相違はいくら強調してもしすぎることがないくらいである。通常の科学は、感覚経験をすべての知識の基礎であると考える。そしてその基礎の上に打ち立てられぬものは知るに価しない。現代科学は感覚の印象から推論し、結論づける。けれどもそれを超えた事柄は、人間認識の限界外のこととして、すべて拒否される。

霊学にとって、このような見方は、触覚で感じとることのできるもの、そしてその感覚的知覚から推理によって明らかにできるものだけを受け容れ、その他の感覚を人間の認識能力を超えているとして否定する立場に等しい。霊学の観点から言えば、人間は進化することのできる存在であり、新しい知覚器官を発達させれば、新しい世界が開けてくる。たとえば、視覚を否定すれば、周囲の色や光は知覚できない。同じように、人間の周囲には数多くの世界が存在しているので、それを知覚するのに必要な器官を育成できたなら、人間はそれらの世界をも知覚することができる。人間は、視力を回復すれば、すぐにでも光と色の世界を知覚することができるように、高次の器官を発達させることができれば、通常の感覚が知覚する世界とはまったく違った世界を認識することができる。眼の手術を受けるべきか否かは、その身体器官の状態による。けれども高次の世界に参入するのに必要な高次の諸器官は、萌芽の状態においては、どんな人の中にも存在しているから、誰でもそのような器官を発達させ、見霊能力を獲得することができる。ただ「いかにして超感覚的世界の認識を獲得するか」の中で述べられているような方法が要求しているような、忍耐と持続とエネルギーを持ちさえすればよいのである。*

＊　一九〇四年から五年にかけて雑誌『ルツィフェル＝グノーシス』に連載されたこの論文集は当時、同誌特別号にまとめられたが、一九〇九年には同じく『いかにして超感覚的世界の認識を獲得するか』（ちくま学芸文庫所収）と題した書物として出版された。

したがって霊学は、人間の在り方そのものがすでに認識の限界を持っている、とは言わないで、新しい知覚器官が開発されれば、誰にでもその器官に対応する世界が見えてくる、と言うのである。その時どきの限界を拡げる手段についても、霊学は詳しく語る用意ができている。

このようにして霊学は、生命体や、以下に人間本性のより高次の部分として述べるつもりであるすべてに向き合うことができる。肉体の諸感覚による探求の場合には、肉体だけが対象となりうるし、その観点からすれば、せいぜい推論を通してしか、より高次の存在部分を想定することはできない。そのことを霊学は否定しようと思わないけれども、人間本性の高次の諸部分が、ちょうど対象の色や光が手術によって取り戻した視力の前に立ち現れてくるのと似た仕方で、現れてくる。霊学は、一体どのようにしたら、そのような高次の世界のための器官が開発できるのか、を明らかにする。高次の感覚器官を発達させた人にとって、エーテル体は観察の対象なのであって、理解や推論の対象なのではない。

人間はこのエーテル体を植物や動物と共有している。この体は、肉体の素材やその力に、生長、生殖作用、体液の循環等の現象を生じさせる働きをする。つまり肉体の形成者であり、育成者であり、かつまたその居住者であり、建築家でもある。したがって、肉体をこの生命体の模像もしくは表現である、と言うこともできよう。人間の肉体とエーテル体とは、その形も大きさもほぼ同じであるが、決して完全に同じではない。そして動物やそれ以上に植物の場合には、エーテル体の形状と拡がりとは、その物質体から際立って異なっている。

●アストラル体

人間本性の第三の分肢は、いわゆる感覚体（もしくはアストラル体）である。この体は、苦と快、衝動、欲望、情念等の担い手である。肉体とエーテル体だけから成り立っている存在は、このような働きをどれ一つ持っていない。われわれは快、不快、欲望、情念などのすべてを感じとることができるが、植物にはそれらを感じとる力がない。或る種の植物が、刺戟に応じて運動その他の反応を示すという事実から、現代の学者の中には植物にも感じる能力があると考える人もいるが、そう考えるのは、感覚の本質を理解していないからにすぎない。或る存在が外からの刺戟に反応を示すかどうかが問題なのではなく、その刺戟が快や苦や衝動、欲望等のような内的経過によって心に映し出されるかどうかが問題なのである。もしもこの点が明確にされていないなら、青色のリトマス試験紙も、特定の物質の作用を受けて赤色に変化するゆえに、感じる能力があることになりかねない。*

＊　ここで述べられていることは、特に強調しておく必要がある。まさにわれわれの時代には、この方向での大きな曖昧さが存在しているのである。現在、多くの人が植物と感覚存在を混同している。なぜなら感覚の本来の性質についてよく分かっていないからである。或る存在もしくは或る事物が外から加えられる印象になんらかの仕方で反応するとき、その存在がこの印象を感知している、というのは正しくない。そう言えるのは、もっぱらその存在が自分の内部で印象を体験しているときであり、したがって外からの刺戟に対する一種の内的反映が存在しているときである。現代自然科学の偉大な進歩については、驚嘆せざるをえないが、その進化が高次の概念に対する曖昧さを生じさせている。或る生物学者たちは、感覚とは何かについて理解していないか

らこそ、感覚を持たない存在にも感覚活動があるかのように述べるのである。それらの生物学者が感覚として理解しているものは、感覚を持たぬ存在の内にも見出せるかもしれないが、霊学が感覚として理解するものは、それとはまったく別な何かなのである。

人間は感じる能力の担い手である感覚体を、動物界だけと共有している。

神智学者の中にも、誤解して、エーテル体も感覚体も、肉体よりも精妙ながら、肉体と同じような素材から成り立っている、と単純に考え、その結果、人間本性のこれら高次の分肢を物質化して考えている人たちがいる。しかし、エーテル体は力の形姿であり、作用する力から成り立っているのであって、素材から成り立っているのではなく、そしてアストラル体（もしくは感覚体）は、内的に運動する、多彩で光輝く形象から成り立つ形姿なのである。*

*　感覚体を自らの裡《うち》に体験することと、修行を積んだ見霊者がそれを外から知覚することとは区別されねばならない。ここで述べているのは、このような見霊者の開かれた霊眼の対象である。

感覚体はその形も大きさも、肉体とは非常に異なっている。人間の場合、この体は細長い卵型の形姿をとり、その中に肉体とエーテル体とを包み込んでいる。この体は肉体とエーテル体を越えて、あらゆる方向にその光の形姿を突き出させている。

◉自我

人間の本性はさらに第四の分肢を持っているが、人間はこの部分を人間以外の地上の存在たちと共有してはいない。それは人間の「私」の担い手であるが、この「私」という慎ましい言葉は、どんな言語で使用される場合にも、一切の他の言葉とは種類を異にしている。この言葉の意味を、ふさわしい仕方でよく考えてみるなら、そのことが人間本性の認識への通路を拓いてくれることに気がつく。

誰でも或る言葉でそれに対応する事物を指示することができる。どんな机も「机」であり、どんな椅子も「椅子」である。しかし「私」という言葉だけには、このことが当てはまらない。誰でも他のものを呼ぶのに、この言葉を用いることはできない。誰でも自分自身だけに対して、「私」と呼ぶことができる。「私」という言葉は、私に対する呼び名としては、決して外から私の耳に響いてくることがない。自分を「私」と呼ぶときには、自分自身で自分をそう呼ぶのでなければならない。

自分に対して、「私」と言うことのできる存在は、それ自身が一個の世界なのである。霊学を基礎に持つ宗教は、常にこのことを感得してきた。それゆえに「神」は、まだ未熟な人間には、自分の外にあってもっぱら外なるものとして現れるが、「私」を意識するようになると、その神が内部で語り始めるのである。宗教はこのことを大切に語ってきた。自分のことを「私」と言える能力の担い手が、「自我体」すなわち人間本性の第四部分なのである。*

＊「自我体」という表現に躓かないでもらいたい。もちろんここでは粗雑な物質的な体を意味していない。通常の言語表現では、「体」を物質的なものの表現に用いているが、霊学で「体」と言う場合には、霊的な意味で用いている。

この「自我体」は、人間の高次の魂の担い手である。この体があるからこそ、人間は地上の被造物の頂点に位置しているのである。しかし現在の人間の場合、一人ひとりの「私」は、決して単一な在り方を示してはいない。現在のさまざまな進化段階に立つ人間を互いに比較してみると、このことが認識できるようになる。未開社会の独裁者と大都会で孤独に生きる誰かとを無私な態度で働く偉大な宗教家と比較してみよう。これらのすべての人は、自分のことを「私」と呼んでいる。「自我体」がこれらすべての人に備わっている。けれども未開社会の人は、この「私」を持ちながら、ほとんど動物のように、情念や衝動や欲望の赴くままに生きている。もっと進化した人間は、特定の好みや欲望に対して、それならやってもいい、と思い、他の場合は控えたり、禁じたりする。生来の好みや情念だけでなく、より高次の好みや情念をも育てる。第三の人物は偉大な目標のために自分を捧げる。こういうことはすべて、「私」が人間本性の他の諸部分に対して働きかけてきたからこそ可能となったのである。このように、人間本性の他の諸部分を「私」によって浄化し、高貴なものにすることこそが、まさにこの「私」の課題なのである。

外界が提供する生活状態を越えて、さらに先へ進むことのできる人間の低次の諸分肢は、多かれ少なかれ「私」の働きかけによって、変化させられている。「私」が初めて輝き出たとき、人間はそれによって動物から一歩先へ進むことができた。しかしその時点でも、人間の低次の諸分肢は、まだ動物と変わりなかった。そのエーテル体（もしくは生命体）は生命形成力として、生長や生殖活動の担い手であるにすぎなかったし、そのアストラル体は外なる自然によって惹き起こされる衝動や欲望や情念のみを体現していた。

しかしこのような段階から何度も生まれ変わり、受肉の過程を繰り返しつつ、人間はますます高次の進化を遂げ、そしてその「私」は他の諸分肢を変化させていく。アストラル体は浄化された快や不快の感情、洗練された願望や欲望の担い手となる。そしてエーテル体（もしくは生命体）もまた変化を遂げて、慣習や一定の好みや気質や記憶力の担い手となる。「私」がまだ自分の生命体を変化させていなかったときの人間は、自分のなした体験を思い出すこともなく、自然が彼に与えたままの生き方をしていた。

文化は、全体として見れば、自我がアストラル体、エーテル体、肉体に働きかけを行うことで、進歩を遂げていく。この働きかけは肉体の外観にまで及ぶ。自我の影響を受けると、容貌だけでなく、体つきや身のこなしのすべてに変化が現れる。

文化や教養のさまざまの分野は、人間本性の諸分肢にそれぞれの仕方で作用を及ぼしている。日常生活内での文化の働きは、アストラル体に働きかけて、生来持ちえなかった種類の快、不快、衝動、情念を、このアストラル体に植えつける。芸術作品に沈潜することは、エーテル体に作用する。

われわれが芸術作品によって、周囲の環境の中に認めるものよりも、もっと高貴なものへの予感を感じるとき、われわれの生命体は作り変えられる。生命体を浄化し、高貴化するための強力な手段の一つは、宗教である。だから宗教は、人類進化のために偉大な使命を持っている。

良心とは、輪廻転生の中で自我が生命体に働きかけてきた成果にほかならない。当人が、こんなことをしてはいけない、と感じ、その実感が心に強い印象を与え、さらにその印象がエーテル体にまで働きかけたとき、良心が生み出される。

「自我」がアストラル体とエーテル体と肉体に対して行うこの働きかけは、宗教や文化のように、人類全体に関わる仕方でもなされうるが、まったく個人的に、自分に対してもなされる。前者の場合、その人間の変化にはいわば全人類が関わっている。後者の場合の変化は、自我の最も内的な活動に基づいている。

●高次の人間本性

さて、「自我」が力強い発達を遂げ、自分の力だけでアストラル体を作り変えるとき、その作り変えられたアストラル体は、霊我（東洋の表現を使えばマナス）と呼ばれる。この作り変えは、本質的に内面生活を高次の理念や直観内容によって豊かにすることに基づいている。

しかし自我は、人間の本性に対して、もっと高次の、きわめて本源的な働きかけを行うこともできる。それは、アストラル体が豊かになるだけではなく、エーテル体（もしくは生命体）が作り変えられるときである。

人は生涯の或る時点からこれまでの人生をふり返って、自分は多くのことを学んできた、と言うことができる。しかしその学習によっても、気質や性格にあまり大きな変化を生じさせなかったし、記憶力もあまり良くならなかった。学習はアストラル体には役立つけれども、気質、性格、記憶力の変化は、エーテル体（もしくは生命体）に関わる事柄なのである。それゆえ、人生におけるアストラル体の変化を、時計の長針の動きと比較し、エーテル体の変化を、短針の動きと比較するのは、不適当な比喩であるとは言えない。

神秘修行を志す修行者は、エーテル体の変化を自我の力によって可能にしなければならない。習慣、気質、性格、記憶力などを変化させるためには、孤独に、まったく意識的な態度で、修行しなければならない。そのようにしてエーテル体に働きかけることができればできるほど、この生命体を、霊学の用語で言う生命霊（東洋の表現を使えばブッディ）に変化させていくのである。

さらにもっと高次の段階に至ると、修行者は自分の肉体をも変化させる力を獲得するようになる。たとえば、血液の循環や心臓の鼓動にも変化が生じるようになる。このようにして肉体に変化が及ぶとき、その変化した肉体は、霊人（東洋のアートマン）と呼ばれる。

かつての人間は、個人的にというよりも、むしろ人類全体の営みとして、または民族、種族、家族のような共同体の中で、自分の低次の本性部分を変化させてきた。この変化は、霊学上、次のように呼ばれている。自我によって変化させられたアストラル体は感覚魂、自我によって変化させられたエーテル体は悟性魂、そして自我によって変化させられた肉体は意識魂である。しかし、この三つの体の変化は、自我の発現とともに、同時に並行して遂行されてきたが、意識魂の一部分が育成される以前の人びとは、この働きをはっきり意識していなかった。

以上に述べたことからも分かるように、人間本性の四つの部分を以下のように呼ぶことができる。すなわち肉体、エーテル体（もしくは生命体）、アストラル体（もしくは感覚体）、及び自我体である。感覚魂、悟性魂、意識魂、さらにまた人間本性のより高次の分肢である霊我、生命霊、霊人、これらはすべて、以上に述べた四つの部分の変化の所産として現れてくる。人間性の担い手を問題にするときには、この四つの部分だけが取り上げられる。

教育者もまた、正しい仕方で教育を行おうとすれば、人間のこれらの本性部分をよく知らなければならない。

◉教育から見た肉体とエーテル体とアストラル体

さて、これらの部分が人間の一生のなんらかの時点で、たとえば誕生に際して、みな一様に発達している、と考えることは、まったくの誤りである。それらは何歳の時にも、それぞれ異なった仕方で発達している。そして教育と授業の本当の土台は、四つの人間本性のそれぞれの発達の法則を知ることにある。

肉体の場合、誕生以前の胎児は、周囲を母体に保護されており、単独で外なる物質界に接触することはない。母親の肉体がその環境をなしている。母親の肉体だけが、発育を遂げつつある胎児に作用することができる。肉体の誕生とは、母体という莢《さや》が取れて、物質界の環境に直接さらされる、ということである。感覚が外界に向かって開かれる。それとともに、外界がこれまで母親の胎内に包まれていた人間に直接影響を及ぼすようになる。

霊学という霊的な世界認識の立場からすれば、肉体の誕生は、ただちにエーテル体（もしくは生命体）の誕生なのではない。この世に生まれるまでの人間は、母親の胎内にいるが、同様に、歯の生え変わる時期、つまり七歳までの人間は、エーテルの莢とアストラルの莢に包まれている。歯の生え変わる頃、エーテルの莢からエーテル体が誕生するが、アストラルの莢はその後も、思春期が始まるまで、同じ状態を維持する。*

* 「けれども子どもは歯の生え変わる前でも記憶その他を持っているし、思春期の前でもアストラル体と結びついた能力を持っているではないか」、そう言って非難を加えようとする人は、ここに述べていることを十分に理解していないと思われる。

エーテル体もアストラル体も、生まれたときから存在している。ただここで述べたような保護する莢の中で存在している。そしてまさにこの莢が、歯の生え変わるまでのエーテル体に、記憶力を発揮させているのである。

しかし胎児は肉眼を、その保護する母体の中でもすでに所有している。この保護された眼に外からの物質的な太陽光線が働きかけてはならない。それと同じ意味で、教育者は歯の生え変わる以前の子どもの記憶力を育成しようとしてはならないのである。この時期の記憶力は、養分を与えられるだけで、まだ外から手を加えられずにいるなら、それ自身の力によって自由に伸びていくのである。

思春期以前のアストラル体についても同じことが言える。アストラル体は養分を与えられねばならない。けれども常に、そのアストラル体が保護する莢に包まれていることに留意していなければならない。すでに存在しているアストラル体の成長の芽を、思春期以前に育てることと、思春期以後にそうすることとは、決して同じではない。確かにこの区別は微妙なものであろう。しかし、このような区別を大切にしなければ、教育の本質を理解することはできないのである。

思春期になると、アストラル体もまた、ちょうど肉体が誕生時に、そしてエーテル体が歯の生え変わる頃にそうなったような仕方で、生活環境の中で独立するようになる。

それゆえ霊学は、人間の三つの誕生について語らなければならない。歯の生え変わる頃までは、エーテル体にどんなに働きかけようとしても、その働きかけがエーテル体にまで達することはありえない。それはちょうど物質界の光や空気が直接母親の胎内にいる肉体に達することがありえないのと同様である。

歯が生え変わる以前の子どもは、独立した自由な生命体を持っていない。母親の胎内にいるときの肉体は、保護する母胎の中で自分の力を次第に発達させていく。歯の生え変わるまでの生命の成長力についても、同じことが言える。この時期のエーテル体は、遺伝の力と結びついている。エーテル体が独立する前に、肉体はすでに独立しているが、独立する以前のエーテル体は、肉体に提供すべきものを形成する働きを続け、そしてその形成作業の最後が、従来の乳歯の代わりに生えてくる永久歯なのである。それは肉体における最も固い部分であり、それゆえにこの七年期の一番最後になって現れてくる。

この時期が過ぎると、生命体はみずからの成長のために働くが、しかしその生命体は、まだ独立していないアストラル体の影響下に置かれている。アストラル体も独立する時期がくると、エーテル体は一つの周期を完結させる。その周期の終りが思春期なのであり、この時期に生殖器官が独立する。それは自由になったアストラル体が、内に向かって働くだけではなく、むき出しになって直接外界にさらされる、ということの表現なのである。

胎児には外なる物質界から直接働きかけを行うことができないように、歯の生え変わるまでのエーテル体に直接働きかけることは許されないし、アストラル体に対しても、思春期以前には、同じ意味で影響を及ぼすことは許されない。

真の教育芸術の基礎は、たとえば「すべての素質や能力の調和的育成」といったような一般的な言い方ではなく、人間性の真の認識の上に立ってこそ、初めて打ち立てられうるのである。一般的な言い方はよくないというのではないが、たとえば或る機械に対して、そのすべての部品が互いに調和的に働き合うようにしなければいけない、と主張するようなもので、それでは当然すぎて何も始まらない、と言いたいのである。

細部に至るまでの機械の構造の十分な知識をもって、その機械に向かうものだけが、正しい処置をすることができる。教育芸術にとっても同じであって、人間本性の部分とその発達とを具体的に認識することが大切なのである。

子どもに対しては、その年齢に応じて、人間本性のどの部分に働きかけたらいいのか、そしてどうすればそのような働きかけが実際に行えるのかを、知らなければならない。ここで取り上げるような、本当に現実的な教育芸術が、社会的な影響力を持つようになるには、長い時間が必要である。現代のような時代の見方の中では、どうしてもそうならざるをえない。現代では、霊界の諸事象が依然として愚かな空想の産物であるとしか考えられていない反面、まったく非現実的な、一般的、抽象的な言い方を現実に即した考え方であると思い込んでいる。したがって、いつかは当然と思われるような事柄も、現在は多くの人から空想の産物であると思われている、とはっきり言っておきたい。

●幼児の教育

さて、人間の肉体は、この世に生を受けるとともに、外界の物質的な環境にさらされる。それまでの体は、母胎に保護されてきた。それまで母胎の体液や働きが行ってきたことを、これからは外なる物質界の成分や働きが行わなければならなくなる。

歯の生え変わる七歳までに、人間はひとつの課題を遂行しなければならない。その課題は、人生の他の諸時期の課題とは本質的に異なっている。すなわち身体の諸器官を七歳までのこの時期に、特定の形態にまで発達させなければならない。それらの器官の組織構造に特定の方向づけを与えなければならない。成長はその後も続いていくが、その後の成長はすべて、七歳までに作り上げられた形態に基づいて行われる。形態は正しく作り出されたとき、正しい仕方で成長し続ける。歪んだ形態が作り出されたときには、歪んだまま成長していく。

七歳までの時期に教育者がゆるがせにしたことを、その後になって取り返そうとしても困難である。生まれる以前には、母体が身体のための正しい環境を作ってくれたが、生まれたあとは教育者が正しい物質的な環境を用意しなければならない。正しい物質的な環境だけが、子どもの身体器官に正しい形態を与える働きをするからである。

◉模倣と手本

幼児と環境との関係を示す二つのキーワードがある。それは模倣と手本という言葉である。ギリシアの哲学者アリストテレスは、人間は動物の中で最も模倣の上手な動物である、と言った。この言葉が最もよく当てはまるのは、歯の生え変わるまでの幼児期においてである。幼児は物質環境の中の出来事を模倣する。そしてその模倣の中で、身体器官が特定の形態をとるまでに成長すると、その形態が一生保たれるのである。物質環境という言葉は、できるだけ広い意味に受けとる必要がある。幼児の周囲で物質的に働きかけてくるものだけではなく、幼児の感覚が知覚できるもの、物質空間から幼児の心に働きかけてくるもの、そういう周囲の一切の営みがこれに属する。幼児が見ることのできる道徳的、不道徳的な行為のすべて、優れたそして愚かしい行為のすべても、これに属する。

この方向で考えれば、子どもに正しい働きかけができるのは、道徳的なお説教や理屈にかなった説明などではなく、周囲のおとなが子どもの眼の前で行う行為なのだ、ということが分かる。お説教では肉体の形態を作り出す働きにならない。将来のエーテル体にならら、そのような仕方で働きかけることができるであろう。けれども七歳までのエーテル体は、生まれる以前の肉体が母胎に包まれているように、母親のエーテル母胎に保護され、包まれている。七歳までのエーテル体の中でイメージする力や習慣性や記憶力が発達する場合には、生まれる以前の胎内で、外からの光の働きかけなしに、眼や耳が発達するのと似た仕方で、「おのずと」発達するのでなければならない。

優れた教育書であるジャン・パウルの『レヴァーナ、または教育の教え』（九州大学出版会刊）は、世界中を旅行したとしても、そのすべての世界旅行よりも、生まれてからの数年間に乳母から学んだことの方が、はるかに大きい、と述べているが、このことは疑いもなく正しい。けれどもその場合の幼児は、お説教によってではなく、まさに模倣によって学んでいる。そしてその幼児の身体諸器官は、以上に述べた意味での環境の影響を通して、その形態を完成させていく。周囲に正しい色や光の環境を用意してあげるなら、幼児は健全な視覚を発達させる。幼児が周囲に道徳的なものを見るとき、脳と呼吸・循環系の中に、健全な道徳感覚のための身体的基礎が作り上げられる。もし七歳までの子どもが、バカげた行動しか周囲に見ることがなかったとすれば、その頭脳の中に、将来愚かな行為をするのにふさわしい形態を生じさせてしまう。

◉おもちゃ

腕の筋肉を丈夫に、力強くするには、それに見合った運動をする必要があるように、脳その他の身体諸器官も、環境からふさわしい印象を受けとり続けることで正しい成長方向に向けられる。

何が大切かを明らかにするために、人形の例を挙げてみよう。子どもにお人形を作ってあげようとするとき、古いナプキンをたたみ、先をしぼって二つの足を作り、同じように二つの腕を作り、さらに結び目で頭を作り、最後にインクで眼と鼻と口を簡単に暗示して、それを仕上げることができる。一方、いわゆる「きれいな」お人形を子どもに買い与えることもできる。本物そっくりの髪の毛や、きれいに塗られた頰のお人形である。幼児にとってどちらの人形の方が好ましいかといえば、もちろん前の方の人形である。あとの方の人形は好ましいとは言えない。将来の美的感覚を損ないかねない、とさえ言うことができる。一枚のナプキンをたたんで作ったお人形を人間として見るために、子どもは自分の想像力で補足しなければならないが、想像力のこのような働きは、脳を形成するのに非常に有益であり、脳はそれによって健全な発達を遂げる。腕の筋肉がふさわしい運動をすることによって発達するのと同様である。いわゆる「きれいな人形」が子どもに与えられるとき、脳は何も積極的な行為をしない。脳は発達する代わりに萎縮してしまう。

形成されつつある脳の内部が見通せたなら、誰でも子どもたちに脳の形成活動を生きいきと刺戟するようなおもちゃを与えようとするであろう。幾何学的な、生命のない形態をとったおもちゃはすべて、子どもの脳の形成力に否定的な印象を与える。それに反して生命の働きを感じさせるものは、すべて正しい仕方で働きかける。したがって現代のような物質主義の時代には、あまり良いおもちゃはない。健全なおもちゃの例は、たとえば紐で引っ張って二人の鍛冶屋を動かすことのできる、木製のおもちゃである。その二人は互いに向き合い、何かをハンマーで鍛えている。このようなおもちゃは、田舎に行くと、今でも買うことができる。紐を下から引っ張って、子ども自身が絵本の中の人物に動きを与えることのできる絵本もまた、非常に優れている。こういうおもちゃは、どれも子どもの身体の諸器官を内的に活発化し、それによって諸器官の形態を正しく育成するのである。

ここではもちろん暗示するに留めるしかないが、霊学は将来、人生の必要な事柄について、具体的かつ詳細に述べていくつもりである。なぜなら霊学は空虚な抽象的思考ではなく、現実生活の導きとなれるような、生きた諸事実の総合を目ざしているのだからである。

◉色の効果

もう少し具体的な例をつけ加えておきたい。霊学から見れば、いわゆる神経質な怒《おこ》りっぽい子と無気力で不活発な子とでは、環境との関係においても、それぞれ違った育て方が必要になる。その場合、日常子どもを取りまいている周囲の事物の色、部屋の色から子どもに着せる着物の色まで、すべてにおいて色が問題になる。

霊学の観点を持つことがなければ、しばしば子どもに間違った接し方をしてしまう。なぜなら物質主義的な考え方は、多くの場合、正しい方向とは逆の方向に向かいかねないからである。興奮しやすい子には赤か橙色で周囲を取りまき、そのような色の着物を着せてやらなければならない。これに反して不活発な子には、青または青緑色を選ばなければならない。大切なのは、子どもの心の内部に、反対色として、生み出される色なのである。

たとえば赤に対する緑、青に対する橙色である。しばらく一色に塗られた色面を眺め、それからすぐに目をまっ白な面に向けると、このことが納得できるであろう。その白い地に、はじめの色の反対色（補色）が浮び上がって見えるからである。このような反対色は、子どもの身体器官によって生み出され、そして子どもに必要な正しい器官の構造を育てる。興奮した子どもが周囲に赤い色を認めると、自分の内部に緑の反対色を作り出す。その緑を生み出す活動は、心を静める働きをする。したがって諸器官は、自分の中に安静への傾向を受けとるのである。

●健全な欲望

幼児のためには、一つの事実が十分に意識されていなければならない。欲望は健康に役立つもののバロメーターである、という事実である。肉体は欲望を育てることで、健康を促進する。だから一般に次のように言うことができる。健全な肉体は自分に役立つものを欲求している、と。

成長しつつある子どもの肉体を健全に育てようとするなら、健全な欲求や欲望や喜びを求める心に対して、親切に応じようとする態度が必要なのである。喜び、楽しみは身体器官の健全な形態を最も正しい仕方で育てる力である。われわれはこの点でひどい罪を犯している。なぜなら、子どもは決してふさわしい生活環境に置かれているとは言えないからである。特に食欲に関して、このことが当てはまる。われわれは子どもの健全な食欲が消えてしまうような食べ物を与えすぎている。正しい食事を与えてやれば、子どもは一杯の水に至るまで、その時どきに必要なものを正確に要求するし、害になるものをすべて退ける。

霊学は教育問題との関連で、食事と間食のすべてにわたって、何が必要かを具体的に語ることができる。霊学は人生に対して灰色の理論を主張するのではなく、現実主義的な態度をとろうとしている。もちろん今日では、或る種の神智学者たちの間違った方向が、一見霊学をそのような理論的立場であるように思わせているにしても、である。

◉生きる喜び

身体諸器官を形成する力の一つは、環境に対する、そして環境における喜びなのである。教育者の明朗な表情、とりわけ誠実な、決して押しつけがましくない愛情がそのような環境を形成する。物質的な環境を暖かく貫いて流れる愛情は、真の意味で健康な身体器官を産み出す。

愛情に包まれて、健全な手本を模倣することができるとき、子どもは正しい世界の中にいる。子どもに模倣させられないような事柄を子どもの環境の中に生じさせないように、できる限りの努力を払わねばならない。「そんなことをしてはいけないよ」と子どもに言わなければならないようなことを、われわれ自身が子どもの前でしてはならない。

子どもがどれほど模倣に徹しようとしているかを知るには、たとえば文字を理解するずっと以前に、すでに文字を真似して書いているところを観察すればよい。子どもはまず文字を真似して書き、その後になってその意味が理解できるようになるが、このような模倣は、肉体が発達する七歳までの時期にとって非常に必要な態度なのである。一方、意味は、エーテル体に対する語りかけなのだから、意味によってエーテル体に働きかける教育は、エーテルの外皮が子どもから抜け落ちる、歯の生え変わりのあとになってから行う方がよい。模倣による言葉の学習を七歳以前に始めるとき、子どもは聴きながら語ることを学ぶ方がよい。文法の規則から入る学習は、決してよい結果を生み出さない。

幼児期のために特に重要なのは、たとえば童話のような教育手段を通して、できる限り調和した言葉のリズムを感覚に印象づけることである。意味よりも、むしろ美しい響きに価値を置かなければならない。何かによって眼と耳に新鮮な印象を与えることができればよいのである。たとえば音楽のリズムに従って、踊りの動作をすることは器官形成を促す大きな力になる。

◉七歳からのエーテル体教育

歯が生え変わる頃から、エーテル体はエーテル外皮を脱ぎ捨てる。そしてそれとともに、教育を通してエーテル体に外から働きかけることのできる時期が始まる。それでは、どうしたら外からエーテル体に働きかけることができるのか。

エーテル体の育成と成長とは、傾向、習慣、良心、性格、記憶力、気質等の育成、発達のことであるが、そういうエーテル体を教育するには、具体例による想像力への働きかけが有効である。七歳までの子どもには、模倣することのできる具体的な手本を与えねばならないが、歯の生え変わりと思春期との間の子どもの環境のためには、子どもがその環境の意味や価値に従って生活できるように、あらゆる配慮をしてあげることが必要になる。

有意味なものが大切なのである。想像力が、生きいきとした形象や比喩に支えられて、エーテル体を活発に働かせるとき、エーテル体の力は発達する。抽象的な概念は、成長しつつあるエーテル体に正しく作用することができない。直観によって把握できるものが必要なのである。知的、道徳的な内容を直観させることこそが、この時期の正しい教育行為なのである。

それゆえ、特別大切なのは、われわれ自身が子どもの中に望ましい知的、道徳的な力を喚び覚ますことのできるような、そういう教育者になることである。幼児にとって模倣と手本が教育のキーワードであるとすれば、今問題にしている年頃の場合には、つき従うことと権威をもって臨むことがそのようなキーワードとなる。

権威を押しつけるのではなく、おのずと生じた権威を子どもが直観的に受けとり、それによって、良心、習慣、傾向が育成され、気質に正しい方向づけが与えられること、それによって子どもがこの世の諸事物を新たな眼をもって眺めるようになること、このことが大切なのである。

「各人が自分の英雄を選び、その英雄に従って、オリュンポスへの道を登ろうと努めねばならない」、という美しい詩人の言葉は、特にこの時期のために当てはまる。尊敬と畏敬はエーテル体を正しく成長させる力である。そしてもしこの時期に、限りない尊敬をもって見上げることのできるような人物に出会えなかったならば、その後一生の間、そのことを悔やまねばならなくなるであろう。このような尊敬が体験できないとき、エーテル体の生きいきとした力は萎縮していく。だからこの時期の子どもの心情に正しい働きかけをするためには、以下のような情景を思い描く必要がある。

八歳の子どもが、この上なく尊敬に価するような人物についての話を聴く。耳にするすべての話が聖なるおののきをその子の中に流し込む。その尊敬すべき人物に初めて会うことのできる日が近づく。畏怖におののきながら、その子は扉の把手《とって》をつかむ。その扉のうしろには、その尊敬すべき人物が姿を現すはずである。

このような体験が生み出す美しい感情は、一生の間持続的な働きを及ぼし続ける。人生の祝祭的な瞬間だけではなく、長期間にわたって、自分の先生に当然の権威を認め、その人物を仰ぎ見ることのできた人は、特別恵まれた人である。

◉偉人の物語

道徳的、知的な力を体現している眼の前の権威者だけでなく、心の中だけで体験するような権威者も存在する。すなわち歴史上の偉人たちである。手本となるべき男や女の生き方が歴史の中で子どもの良心をとらえ、その精神生活に決定的な方向づけを与えることができなければならない。

道徳の抽象的な根本命題は、思春期の頃になって、アストラル体がそのアストラル母胎から抜け出るときまでは、子どもの心にまだ正しい働きを及ぼすことができない。われわれは特に歴史の授業を、このような観点から正しい方向に向けなければならない。歯の生え変わる以前の子どもに語って聴かせる物語や童話は、喜びや新鮮な感動や笑いなどを生み出すことで、十分に目的が達せられる。しかしその時期が過ぎれば、物語の素材として、このようなもの以外にも、子どもがその主人公の生き方に追随したくなるような物語を取り上げなければならなくなる。子どもが自分の間違った習慣を、物語に登場する好ましからざる人物像によって、反省させられるような機会もなければならない。

子どもの間違った習慣や傾向に対して警告を発することは、ほとんど意味を持たない。けれども、悪い人間の生まなましい姿が子どもの想像力に訴えかけ、それによって、悪行に陥った者が、現実生活の中で、どんな目にあうかを示すことができるなら、多くの悪弊が克服できるであろう。常に次の点を忘れてはならない。すなわち、発達しつつあるエーテル体に対しては、抽象的な観念ではなく、心の中に生きいきと現れる形象だけが影響を及ぼせるのだ、ということである。もちろん、逆効果になってしまわないためにも、できるだけ生きいきと物語らなければならない。すべての成果は物語る仕方そのものにかかっている。だからこそ、お話をする代わりに、本を読ませればいい、と思ってはならない。

◉存在の秘密

意味内容の豊かな形象、言い換えれば象徴的な物語は、歯の生え変わりと思春期の間の時期には、別の仕方でも取り上げることができる。大自然の秘密や人生の法則を、知的な冷たい概念としてではなく、できるだけ象徴として、子どもの受け容れやすいものにすることが大切である。精神的な働きを比喩で表現するときには、それによって存在の秘密が、知的な概念によって理解されるときよりも、はるかに深く予感できるものになる。

「すべて移りゆくものは比喩にすぎない」。この言葉はまさにこの時期の教育にとっての指針とならなければならない。存在の秘密が、自然法則などになる以前に、比喩として受けとめられることが、成長期の人間にとって無限に重要なのである。

一つの例がこのことを明らかに示してくれるであろう。われわれが子どもに魂の不滅を、肉体からの離脱と結びつけて語ろうとしたとしよう。そのような場合、たとえば、蝶がさなぎから抜け出る姿の比喩を用いることができる。ちょうど、蝶がさなぎから抜け出るようにして、死後、魂が肉体のすまいから出ていく。もしも子どもの頃に、あらかじめこのような形象を通して、魂の不滅を受け容れることがなかったとすれば、あとになってこの事実を知的な概念だけによって受け容れることは難しいであろう。言い換えれば、この比喩は、われわれの知性に訴えかけるのではなく、感情と感覚に、そして魂全体に訴えかける。子どもが今述べた比喩を受けとり、あとになって知的な概念を通して同じ事柄を教えられるとすれば、そうでないときとはまったく異なった気分の中で学べるであろう。初めに感情によって存在の秘密に近づくことができなかったときは、決して良い結果を及ぼさない。それゆえ、自然法則や宇宙の秘密を物語るとき、教師が比喩を自由に用いるのは非常に重要なことなのである。

このような事柄においてこそ、霊学が実際生活にどれほど役に立つことができるかを見てとることができる。唯物論的な仕方で知的に比喩を作り上げ、その比喩で子どもに語りかけたとしても、あまり強い印象を子どもに与えることはないであろう。

比喩を、知的な能力を使って、考え出そうとするのは、自分の感情の水位を或るところまで引き下ろすことになる。そのようにして比喩を考え出したとすれば、それを学ぶ人に深い印象を与えることができるはずはない。なぜなら、われわれが比喩で誰かに語りかけるとき、われわれが語ったり、示したりすることだけがその人に影響するのではなく、語りかける人から或る微妙な、霊的な流れが、それを聴く人の方へ流れていくのである。語り手自身が、自分の比喩に信頼の感情を持つのでなければ、それを受けとる者にどんな印象をも与えることはできない。正しく働きかけるには、自分みずからが比喩を、一つの生きた現実として、信頼をこめて受けとることができなければならない。そしてそれが可能なのは、われわれが霊学的な考え方を身につけ、比喩そのものを霊学から生み出すときなのである。

真の霊学者は、肉体から離脱する魂についての、先に挙げた比喩を苦労して作り出そうと努力する必要はない。なぜなら、それは彼にとって事実なのだから。彼にとってさなぎから抜け出す蝶の姿は、人間の魂が肉体から離脱するのと同じ経過を、自然存在の低次の段階において示している。彼自身が何よりもはっきりと、このことを信じている。そしてこの信じていることが、眼に見えぬ流れとなって、語り手から聴き手へと流れていき、そして心に深い印象を与えるのである。

そのようにして生命が直接、教育者から生徒へと流れこんでいく。このような生命を、教育者は霊学の豊かな泉から汲みとる。そして彼の言葉から流れ出るすべてが、真の霊学と結びついて、感情となり、熱となり、情緒となって、子どもの心を満たす。

このようにして教育問題全体のために、一つの壮大な展望が開けてくる。教育がひとたび霊学の生命の源泉の水を飲むならば、教育そのものがすばらしい生命力を持つようになるであろう。この分野で常に見られる手探り状態は、もはや必要なくなるであろう。どんな教育術も、どんな教育学も、この源泉から常に新鮮な生命の水を汲みとろうとしないならば、干からびてしまうであろう。存在の秘密に関わる比喩は、事物の本質から取り出された形象でなければならない。個人が勝手に作り出したものであってはならない。そのためにこそ、霊学は教育の生きた基盤でなければならないのである。

◉記憶力

第二・七年期の子どもにとって特別大切な魂の力は、記憶力である。記憶力の発達は、エーテル体の発達と関連している。エーテル体は、歯の生え変わりと思春期との間のこの時期に独立するが、この時期には、記憶力を育てるために、外から十分な配慮がなされねばならない。もしもこの時期に、必要な事柄をゆるがせにしてしまうなら、本来持ちえたよりも、はるかに貧弱な記憶力しか持てなくなるであろう。そして一度ゆるがせにされたものを、あとになって取り返すことはとても難しくなるのである。

唯物論的な思考方法はこの点で多くの誤謬《ごびゅう》を犯しかねない。この思考方法から生まれた教育論は、記憶力を身につけることに対して、否定的な態度をとる。記憶力だけの訓練に対して、あらゆる種類の批判の矢を向ける。そして理解できないものを暗記させようとすることに対して、可能な限りの洗練された方法で、非難を加える。

確かに理解することは大切である。しかし理解することだけを大切にする唯物論的な思考は、抽象的な概念なしに事物の本質に関わることなど不可能だ、と信じている。事物を理解するのには、別な魂の働きが、少なくとも知性と同じ程度に必要だということが、理解できないのだ。

感情や感覚や心情によっても、知性によるのと同じように、事柄の本質が理解できる。概念は世界を理解する諸手段の一つであるにすぎない。知性を世界を理解するためのただ一つの手段であると思うのは、唯物論的な立場にだけ生じる誤解である。もちろん自分を唯物論者であると思っていないで、知的理解を唯一の理解の仕方であると信じている人がいくらでもいるが、このような人は、自分を理想主義的な、それどころか霊的な世界観の信奉者であると思っていても、魂の内部では唯物論的な態度で、その世界観に向き合っている。その人の知性は、物質を理解するのと同じ仕方で霊性を理解しようとしているのだから。

◉言葉の理解

理解することのより深い根拠について、ここで前述したジャン・パウルの優れた教育書の一節を引用しておきたい。この書には教育についての珠玉のような考え方が随所に秘められており、本来、もっと高い評価を受けるにふさわしい内容を持っている。教育者にとっては、教育学の最も評判の高い書物の多くよりも、はるかに重要であると言えるくらいなのだが、今取り上げようとするのは次のような箇所である。

「たとえ文章全体が子どもに理解できなくても、まったく心配する必要はない。理解させたいと願う君たちの表情や話し方、そして予感的な衝動、それだけでも内容の半分は明るく照らし出される。そしてそのことと時間の経過とに助けられて、残りの半分もまた明らかになる。子どもの場合、アクセントが中国人や社交家の場合と同じように、言語表現の半分の要素になっている。

子どもは自分たちの言語を、ちょうどわれわれがギリシア語のような外来語を知っている程度には、学ぶ前からすでに理解している。このことをよく考えてみたまえ。

時間と関連づけとが可能にしてくれる子どもの読解力を信頼したまえ。五歳児が、「しかし」、「とにかく」、「そうではなく」、「もちろん」といった言葉の意味を理解している。けれども、それらの言葉の意味を正確に説明するとなると、父親にもそう容易なことではない。「しかも」という一語の中にも、ひとつの哲学がひそんでいる。八歳の子どもの「しかも」という正確な言葉遣いが、三歳児にも通用する。だから、君たちが三歳児の幼い言い廻しをそのまま真似て語る必要はない。数年年上の子どもの話し方をすればいいのである（実際、数世紀前の天才たちは、書物の中で、数世紀あとのわれわれと会話を交している）。

一歳児と話をするときには、二歳児を相手にしているときのように話す。そして二歳児に対しては、その子が六歳児であるかのように話す。というのは、成長の度合いは年齢と逆比例して減少していくからである。

子どもは所有する世界（物質界と精神界）の半分、つまり精神界（たとえば道徳的、形而上的な世界）をすでに完全に学んだものとして、自分の中に持っている。そしてその似姿だけを指示することのできる言語は、精神界を提供するのではなく、せいぜいそれに照明を与えるだけである。教師はこの点をよく心に留めておかねばならない。……

子どもと話をするときのおとなは、正確に話すことの喜びを子どもと共有できなければならない。おとなは言語を子どもに教えることもできるし、子どもから学ぶこともできる。子どもたちは大胆で、しかも正確な言語表現を行う。たとえば私が三歳児と四歳児から聞いた例を挙げてみよう。

「ビア樽屋さん、弦屋さん、ビン屋さん（ビア樽、弦、ビンの製作者のこと）――空中ネズミ（確かにコウモリよりは良い表現だ）――音楽がヴァイオリンをかなでる――光を切る（ロウソクの芯を切ること）――からさおで叩く――私は遠くまで見通せる人になった（望遠鏡に向かって）――私はコショウ入りケーキなのよ――では私が利口すぎたのね――あいつは冗談を言ってぼくを椅子からころげ落とした――もう1のところまできてしまったよ（時計を見て）」。

●知的学習のはじめ

ジャン・パウルは、知性を獲得する以前の子どもの言語理解について述べている。われわれの問題領域とは別な関連での発言であるが、ジャン・パウルが言語について語っていることは、私が先に述べたことについても当てはまる。子どもは文法規則を知的に理解しないでも、言語を自由に話すことができる。同様に、子どもは、あとにならなければ、概念的に理解できないような

事柄をも、記憶力を働かせてあらかじめ学んでおく必要があ
る。それどころか、純粋に記憶だけで身につけておいたものこそ、あとになって最上の仕方で概念的に把握することができるのである。すでに話すことのできる言語の方が文法をよく理解できるのと同じである。

理解できない内容を記憶させるのはよくないという非難は、唯物論的な偏見にすぎない。たとえば子どもに、掛け算とは何かを教えるときには、若干の例を挙げて、しかも計算器を用いず、指を使って学ばせる。そしてそのあとで掛け算の九九をもっぱら暗記することによって身につける。そのような教育の仕方は、成長する子どもの本性を顧慮している。

それに反して、もしも記憶力を育てるべき時期に、あまりにも子どもの知性の働きに頼ろうとするなら、子どもに対して罪を犯すことになる。魂の働きの中でも、知性は思春期になって初めて生み出される。したがって思春期以前に、外からこの働きに影響を与えてはならない。思春期以前の子どもは、記憶力を通して、人間精神の遺産を受けとるべきなのである。

あとになって、概念によって把握できるように、あらかじめ記憶に刻印づけておくことが、子どもにとっては大切なのである。だから今、子どもが何を理解したか、に注意するだけでなく、子どもの知っている事柄が、つまり言語を身につけたときのような仕方で記憶した事柄が理解できるようになっていくことが大切なのである。

このことは、いろいろな場合に当てはまる。まず第一に、歴史上の出来事を記憶を通して身につけ、その後それを概念によって理解する、あるいは地理上の諸事実をしっかりと記憶に刻印づけ、次いでそれらの相互関係を理解する等々、すべて概念による理解のためには、あらかじめ貯えられた記憶内容の中から素材を取り出すことができるようになっていることが大切なのである。

子どもが概念による理解を学ぶ以前に、すでにその事柄を記憶によって知っていればいるほど、良い成果が挙げられる。ただし、言うまでもなく、今述べた事柄は、ここで取り上げる年齢についてのみ言えることであって、その後の場合には当てはまらない。成人してから学び直す場合には、もちろん逆のやり方が正しいし、その方が望ましい。けれどもその場合にも、学習者の精神構造次第で、そうでない場合がいくらでも出てくる。いずれにせよ、今取り上げる年齢の場合には、過度な知的要求をもって子どもの心を荒廃させることは許されない。

◉実物教育

あまりにも一面的な感覚教育（実物教育）もまた、唯物論的な考え方に基づいている。第二・七年期の子どもたちにとって、すべての感覚体験は精神化されていなければならない。たとえば植物、種子、花冠などをもっぱら感覚的に観賞するだけで満足していてはならない。すべては霊的なものの比喩にならなければならない。

　種子は決して、眼で見る通りのものだけなのではない。眼に見えぬ仕方で、新しい植物のすべてがその中にひそんでいる。種子のような小さな事物の中に、感覚によって知覚される以上のものがひそんでいる。そのことが、実感として、想像力を通して、子どもの心の中に生きいきと受けとめられねばならない。存在の秘密が予感として感じられねばならない。

　このようなやり方では純粋な感覚体験が曇らされてしまう、という非難は当たらない。反対に、単なる感覚的知覚に立ち止まる際には、真理があまりにも短絡的に捉えられてしまう。実際、ひとつの事物の真実は、霊と物質とから成り立っている。そして観察は、単なる感覚活動によるだけでなく、すべての魂の力が全体として働くとき、初めて生きいきとなる。実際、単なる感覚教育だけでは、魂も肉体も干からびてしまう。魂も肉体もこのような授業によっては生かされない。どんな種類の鉱物、植物、動物を観察の対象にするにしても、霊的な秘密を予感させることができなかったとしたら、それは結局、子どもの心のために大して役に立っているとは言えない。

　もちろん、唯物論的な立場からすれば、このような言い方はあまり受け容れられないであろう。しかし霊学の立場にとって、これは当然すぎるくらい当然の事柄なのである。本当に役立つ教育芸術は、唯物論的な考え方からは決して出てこない。唯物論的な考え方がどれほど実際的なものであるように思われようとも、人生の本当の生きがいを求めようとするとき、その考え方は、あまり役に立ってくれない。

真の現実を前にして言えば、この発想は、空想的である。しかし同時に、唯物論の立場からすれば、霊学の事実に即した認識態度もまた、空想的なものでしかない。時代の風潮に由来するいくつもの妨害が乗り越えられなければ、霊学の根本命題を教育の中に浸透させることはできないであろう。しかしこの命題は、明らかに、人生そのものから生み出されている。その真の内容が今日の多くの人にとっては、まだ不自然なものに思われざるをえないとしても、それが本当に真実である限り、いつかは必ず、文化生活の中に生かされていくに違いない。

個々の教育規則がどのように子どもに作用するのかについて、はっきりとした意識を持たねばならない。そうすることによってこそ初めて、教育者は個々の場合に適切な態度をとることができる。魂の個々の働きである思考と感情と意志とをどう教育するか、さらにそれらを通して、どのようにエーテル体に働きかけることができるか、教育者はこの点を意識していなければならない。

エーテル体は、歯の生え変わりと思春期との間には、外からの働きかけによって、より完全なものに作られるのである。

◉宗教教育

以上に述べた教育上の諸原則を正しく適用することによって、最初の七年間は意志を健全に力強く発達させるための土台が作られる。実際、意志は完全に発達した肉体によって支えられる必要がある。歯の生え変わる時期が過ぎると、成長しつつあるエーテル体が肉体に働きかけ、肉体の形態を確かなものにする。エーテル体に強い印象を与えるものは、肉体を育てるためにも大きな働きをする。そしてエーテル体にとりわけ強い印象を与えるものは、永遠なる大宇宙の根拠を感じさせ、体験させてくれるもの、すなわち存在に対する畏敬の感情である。

人間はこの年頃にそのような深い宗教的な体験を持つことができなければ、決してその意志も性格も、健全な発達を遂げることができないであろう。自分を大宇宙全体の営みの一分肢と感じられるなら、その体験が意志を統一した働きにする。子どもが畏敬の対象との結びつきを確かなものとして感じることができなければ、その意志も性格も不確かで、不統一で、そして不健康なものにならざるをえない。

◉芸術教育

感情の世界は、すでに述べたような比喩や象徴によって、特に子どもが歴史や物語の中に偉大で個性的な人間の生き方を学ぶことによって、正しい発達を遂げることができる。大自然の中に美と神秘を感じとることも、感情世界を育成するためには重要である。その場合、特に美的感覚を育成することと芸術的なものを愛する感情を喚び起こすことが大切になる。音楽がエーテル体にリズムを通して働きかけるとき、それによって人は、すべての事物の中にひそんでいるリズムをも感じとる能力を獲得する。この時期に音楽感覚を育成するという幸せに恵まれなかった子どもは、のちの人生にとって大きな損失を受けたことになる。音楽感覚がまったく欠けてしまうと、宇宙の存在の或る重要な側面がまったく分からなくなってしまう。とはいえもちろん、音楽以外の芸術分野も、ゆるがせにされてはならない。建築様式や彫塑形態や線描や色調に対する感覚を目覚めさせることも、教育にとって不可欠であろう。

これらすべては、どれほど素朴な仕方で育成されてもかまわない。しかし芸術教育をする条件が整っていない、という逃げ口上は許されない。教師自身の中にそのための正しい感覚が生きているなら、どんな素朴な手段によっても、多くの成果を挙げることができるはずである。

生きる歓び、この世を生きることへの愛、働くための力は、美と芸術への感覚の育成から生じてくる。人間関係でさえ、美的な感覚によって明るく、暖かいものになる。道徳感情も、この年頃に、人生の諸相や手本とすべき偉人の姿を通して、育成されるべきであるが、この感情も、美的感覚を通して善が同時に美であり、悪が同時に醜であると感じられるときに、確かなものになっていく。

思考の本来の姿である、抽象概念による内的作業は、第二・七年期の子どもにはまだ控えておかなければならない。それは外から影響されてではなく、いわばおのずから生じるのでなければならない。

七歳から思春期に至る時期の魂は、人生や神秘な自然を比喩と形象を通して受け容れる。この時期の思考は、思考以外の魂の諸体験の中で、次第に成長していかなければならない。そのようにして判断力を次第に成熟させ、思春期を過ぎた頃になって、生きることと認識することとに関して、完全に自立した自分の意見が持てるようにならなければならない。

教育者は、直接判断力を育成しようとは考えず、間接的に子どものおのずからなる成長に応えるようにすれば、子どものその後の生き方に良い結果が期待できるようになる。

◉体育

教育の精神的な面だけではなく、身体的な面のためにも、霊学は正しい基礎を与えてくれる。ここではその例として、体育とスポーツについて取り上げておこう。生まれてから数年間、幼児の環境には愛と喜びとが浸透していなければならないように、次の段階での成長しつつあるエーテル体は、身体の訓練を通して、自分がますます力強く成長していくという感情を生きいきと体験していなければならない。

たとえば体育の訓練は、一挙手一投足が少年少女の心の中に「自分の中には成長する力が感じられる」、という感情が生じさせるようでなければならない。そしてその感情が健全な快感、満足感となって心を満たさねばならない。体育をこの意味で考えるには、もちろん、人体の解剖学上、生理学上の知識だけでなく、人体の姿勢や運動が喚び起こす快感や満足感を、まったく感情の面から、直観的に認識することも必要になる。

体育の教師は、手足の個々の動きや姿勢がどのようにして力強い快感、満足感を生み出すか、反対にどのような場合に力の喪失感を生み出すか等々を、自分の内部で体験できなければならない。このような方向で体育、身体運動を行うことができるためには、精神面での心構えが必要になる。決して見霊的な能力が必要だというのではなく、霊学の成果を生活の中に活かそうとする際の感覚が必要なのである。教育のような実際的な分野に霊的な認識内容が用いられる場合、初めにその主張の正しさを証明せよ、というような無用な議論は、遅かれ早かれどこかへ行ってしまう。霊学が獲得した認識内容は、正しく用いるならば、人生を健全な力強いものにする。そしてそのことが、生きる中で、認識内容の正しさを証明してくれる。実際生活の中で正しさが明らかになったとき、人はそれが真実である、と認めるようになる。そしてそれによって、「論理的な、いわゆる科学的な根拠」によるよりも、はるかに生きいきと証明がなされていることに、人は気づくに違いない。精神上の真理は、その成果を通して最もよく認識されるのであって、口論と大して違わないような、一見学問的な証明方法によるのではない。

◉思春期の教育

思春期になって初めて、アストラル体が生まれる。アストラル体が自由に発達を遂げて、外に向かうようになったとき、抽象化された概念世界や判断力や知性の働きを発達させるように外から働きかけることができるようになる。これまで、アストラル体の諸能力は、外からの働きかけなしに、ちょうど眼や耳が母親の胎内で外からの影響なしに成長を遂げたような仕方で、発達すべきであった。このことはすでに述べた。思春期になって初めて、人間はこれまで学んできた事柄について自分で判断を下すことができるまでに成長したのである。

あまりに早い時期から自主的な判断をさせようとするくらい、人間に悪い影響を与えるものはない。自分自身の中に、まず判断や比較のための材料を十分に貯えたとき、初めて人は判断を下すことができる。それ以前に自立的な判断をしようとしても、そのための基礎が欠けているのである。

人生におけるあらゆる種類の一面的な態度、あらゆる種類の実りのない「信仰告白」は、アストラル体の教育が十分になされなかったときに、現れてくる。そのような態度は、若干の知識の断片だけをもとにして理由づけを行い、それをもとにして、ときには長い時代を通じて保たれてきた人類の叡智や、その体験内容について判断を下そうとする。思考力を育てるには、他の人たちが考えた事柄に敬意を払う態度を身につけなければならない。おのずからなる権威への信頼に基づいて、真理に対する健全な感情を育てること、このことなしには、そもそも健全な思考は育たないのである。この教育上の原則に従いさえすれば、あまりに早くから判断できると思いこんだり、その結果、人生のあらゆる側面に心を開くことができなくなってしまったりはしないですむであろう。

実際、アストラル体に必要な土台を作ることなく、判断をしようとすれば、その判断はどんな場合にもその当人の人生に、石を投げることになってしまう。なぜなら、或る事柄について判断を下してしまうと、その人はそのことから影響を受けてしまい、その結果、そのような判断を下さずにいたら持ちえたであろうような体験を、持つことができなくなってしまうからである。

若い人は、まず最初に学び、その後になってから判断するという習慣を身につけなければならない。知性は、或る事柄について、知性以外のすべての魂の能力が語り終ったあとから、語り始めなければならない。それまで知性は、もっぱら仲介者の役割を演じるべきなのである。つまり見て、感じた事柄をそのまま自分の中に受け容れ、未熟な判断がその事柄を駄目にしてしまわないようにする、という役割である。

それゆえ、思春期以前の子どもは、事物についてのどんな理論からも守られていなければならない。そして日々の諸体験を魂の中に受け容れることに主要な価値が置かれなければならない。

確かに思春期以前の子どもにも、これまで人びとがあれこれの事柄について、どう考えてきたかを教えることができる。しかしそのとき、子どもが他人の見解に未熟な判断を下したりしないで、感情をこめて意見を受け容れ、すぐに結論を出したり、一党にくみしたりすることなく、この人やあの人の言うことに、ただ耳を傾けることができるように配慮しなければならない。このような態度を育てるために、先生や教育者は細心の注意を払わねばならない。

◉最後に

以上、霊学の観点からの教育について、いくつかの観点だけしか述べることができなかったが、しかし霊学の観点が文化の課題にどう応えることができるかについて、示唆だけでも与えることができたと思う。この観点が文化の課題に応えられるかどうかは、この観点が社会に受け容れられるかどうかにかかっている。

そしてそれが可能となるには、どうしても二つの事柄が必要である。第一に、霊学に対する偏見を克服することである。霊学を本当に学ぼうとすれば、それが今日多くの人が考えているような空想的な産物ではないことが分かるはずである。霊学を空想的だと思う人を、ここで非難しようとは思わない。なぜなら、われわれの時代が教養の手段として提供しているものはすべて、まるで霊学研究者を空想家か夢想家であるかのように思わせているからである。

表面的な考察に留まる限り、それ以外の判断をすることはまったく不可能なくらいなのである。実際、霊学としての人智学と、今日の時代の教養が与える健全な常識との間には、大きな矛盾が生じているかのように思える。より深い考察ができたとき初めて、現代のさまざまな観点が矛盾に満ちたままに留まらざるをえない理由が明らかになる。いやそれどころか、まさに現代の観点そのものが、霊学を求めざるをえないところまできているのである。

必要な第二の点は、霊学そのものの健全な発達と関連している。神智学の集まりを通して、その教えを単なる理論に留まらせず、できる限り、人生のあらゆる状況に役立たせようとしなければならない。そうできたとき初めて、社会もまた、霊学に対して理解ある態度を示してくれるであろう。しかしそうできなければ、人びとは、神智学を奇妙な夢想家たちの一種の宗教的な宗派活動と見なし続けるであろう。しかし、心をこめて精神活動を展開していけば、理解ある賛同の声が、聞こえてくるであろう。

第二部

子どものための教育小論

Über Pädagogik

◎

Anthroposophische Pädagogik und ihre Voraussetzungen,
Vortrag I. Bern, 1924. 4. 13.

◎

Pädagogik und Kunst

◎

Pädagogik und Moral

◎

Moralische Erziehung vom Gesichtspunkte der Anthroposophie
London, 1922. 11. 19.

人智学的な教育の特質

『ゲーテアヌム』一九二二年一二月一七日号より

現代は主知主義の時代です。この主知主義の基になる知性という魂の働きは、人間の内面に深く関わることができません。だから知的な人のことを冷たい人と呼んだりするのです。芸術活動を知的に理解したらどうなるでしょうか。芸術体験を妨害してしまいます。ですから芸術家は自分の作品が知性の力で受けとられたり、知的な象徴解釈を受けたりすることを嫌がります。何もかも解釈されてしまうときには、作品を制作する過程でその作品に生命を与えた創作者の魂の熱が失われてしまうからです。創作者なら、自分の作品を知性によってではなく、感情によって受けとめられる方を望むはずです。なぜなら自分が体験した熱は、そのとき初めて鑑賞者の中へ流れていけるからです。知的な解釈はこの熱をはね返してしまうのです。

社会生活について言えば、主知主義は人と人とを隔ててしまいます。私たちが共同社会に深く関わることができるのは、仲間の運命を左右するような行為に魂を打ちこむことができるからです。ですから社会の成員は誰でも、他人の行動だけでなく、他人の魂にも関わり、それを体験しようとしなければなりません。けれども主知主義に従えば、自分の魂の熱を棚上げしてしまいます。他人の魂との交流をうながそうともしません。

　教育や授業の中での主知主義は子どもの心を麻痺させてしまいます。このことは以前からも問題にされていました。ところがそれを問題にする人は、子どもの知性のことばかり考えて、教育者である自分の知性のことを忘れてしまっているのです。そしてどうしたら子どもの冷たい知的理解力だけでなく、子どもの魂の熱をも発達させることができるか、ということだけを考えています。

　人智学的世界観もこの点はまったく同じ考えの上に立っています。そしてこのような要求から生じた教育基準を完全に受け容れます。けれども人智学は、魂は魂からしか熱を受けとることができないのだと考えています。どんなときにも、教育行為が、教育者の教育実践のすべてが魂の表現でなければならない、と確信しております。

　近代になってから、主知主義が教授法の中にまで入りこみ、影響力を行使するようになりました。そうなったのは、主知主義が近代自然科学という廻り道をとって働きかけてきたからです。

親たちも科学の言うことを信じ、科学の観点から何が子どもの身体や心情や精神活動にとって良いことなのかを決めようとしています。先生たちも科学的な教育を受けてきましたから、そこから自分の教育方法を見いだそうとしています。

近代科学がこれほど大きな権威となりえたのは、科学者がまさに以上に述べたような主知主義的態度に徹してきたからなのです。科学者は自分の思考作業の中に、人間的な、魂の熱い思いを組み入れようなどとはまったく望んでいません。唯物論的な観察と実験の枠内から少しも出ようとはしません。

このような科学者だからこそ、近代において達成されたような優れた自然認識を可能にすることができたのです。しかしそこから本当の教育学を基礎づけることは決してできません。

それができるのは、教育学が人間の体と魂と霊のすべてを包括するような知識の上に立つときだけです。主知主義は人間をその体の側面からのみ理解しようとします。なぜなら体だけが観察と実験の対象になりうるからです。

本当の教育学を基礎づけようとするなら、まず本当の人間認識を獲得しなければなりません。人智学はそのような本当の人間認識を獲得しようと努めているのです。

人間の体的本性をまず取り上げ、唯物論的な観点に立つ科学の言う通りに、この体的本性を理解し、その上でこの体的本性がどのような魂の働きを行っているのか、そこにどのような霊的活動が見られるのかを問おうとするとすれば、そのような仕方で人間を本当に認識することは決してできないでしょう。

このような立場に立って人間を認識することは、子どもの教育にとっては有害以外の何ものでもありません。なぜならおとなの場合よりもはるかに集中した仕方で、子どもの体と魂と霊はひとつの統一した生命存在になっているからです。子どもの健康を考えるときにも、単なる唯物論的な科学の観点から配慮するだけでは不十分です。けれども人びとはまずそのように配慮しようとします。そしてそれからその健康な身体に、魂や霊に役立つと思えるような事柄を提供しようとします。しかし実際は逆なのです。子どもの魂と霊が子どもの健康を左右するのです。その在り方次第で、子どもの身体生活に健全な働きか有害な働きかが及ぶのです。魂と霊とは地上を生きる人間の場合は、身体を通して働きます。どんな身体上の現れも、魂と霊の働きの結果なのです。

唯物論的な科学は身体だけを本質存在であると考え、身体の営みをこの観点から理解しようとします。ですから「全人」の理解にまでは至りません。

教育者はこのことを感じとっていますが、現代におけるこの問題の根の深さを十分認識してはいません。ですから明らかな認識の上に立っているのではなく、半ば無意識的に考えているのです。——唯物論的な科学からでは教育を行えない。だから科学ではなく、教育本能によって教育を行おう、と。

こう考える理由はよく理解できますが、しかしそのような教育実践からは何の成果も得られないでしょう。なぜなら、近代人はすでに根源的な本能の力を失ってしまっているからです。自分の中にもはや根源的な力を実感できない人びとが本能的な教育を行おうとすれば、暗闇を手探りで歩くことしかできないはずです。

人智学はこの暗闇に光を投げかけようとするのです。今日の科学の主知主義的な立場が人類文化の進化の過程で必ず通過しなければならない段階なのだ、ということを人智学を通して理解することができます。近代の人間は長い過程を経て、本能生活の時代から抜け出てきたのです。そして本能に代わるものとして、知性が特別大きな意味を持つようになったのです。今日の人間は自分に与えられた進化の道を、正しい方向に向かって歩み続けるために、知性を必要としています。知性に導かれて、人類は長い道のりを経て、やっと今、明るい意識を獲得するところまでやってきました。一人ひとりの人間もそれぞれ自分の人生の中で、それぞれの状況に応じた知的能力を獲得しなければならないのです。けれども知性の影響の結果、私たちの本能は麻痺させられてしまっているのです。ですから私たちは、人類の進歩に逆らうことなく、ふたたび本能生活に立ち戻ろうとしても、それは至難の業《わざ》なのです。けれども、私たちは主知主義による明るい意識生活の意味を認めながらも、単なる知性の生活だけでは得ることのできないものを、この明るい意識生活の中で、意識的に、ふたたび手に入れようと試みなければなりません。

そのために必要なのは、霊的存在と魂的存在についての認識です。この認識は、主知主義の産物である唯物論的な科学と同じように、現実に基づいています。人智学が獲得しようとしている認識は現実に基づいた認識なのです。けれども今日の多くの人はこのような認識の可能性を認めたがりません。ただ近代科学のやり方だけで人間を理解しようとします。そしてそれにもかかわらず、そのような認識では人間を理解することはできない、と感じています。そういう人も、新しい認識の方法を学び、それによって物質に関わるときと同じくらいに明るい意識を保ちながら、魂と霊の世界にも関わっていくことができるとは、とても信じられない、と思っているのです。だからこそ、人間を本当に理解し、本当に教育するために、ふたたび本能に戻ろうとするのです。

けれども戻るのではなく、先へ進まなければなりません。そのためには、人間学に人智学が、唯物論的科学に霊学が結びつかなければなりません。そしてそのためには、徹底した学び直しと考え直しが必要なのですが、人びとはそうすることに恐怖を抱いています。無意識の恐怖をばねにして、人智学を空想の産物であると非難しています。けれども人智学は、唯物論的科学が物質の領域で研究するときのように、精神の領域でも厳密な態度に徹して研究しようとしているのです。

子どもに眼を向けて下さい。子どもを見ると、七歳の頃に永久歯が生えてきます。この歯の生え変わりは七歳頃の身体活動の結果なのではありません。それは胎児の発達期に始まり、永久歯が生えることで終結する、或る一連の出来事を表しているのです。子どもの成長過程の或る時期に永久歯を生じさせる力は、子どもの身体の中ではすでにずっと以前から働いていました。そして次の成長期に入ると、その力はもはやこれまでのような仕方では現れません。しかし失われたのではなく、変化した力となって働き続けるのです。このように、メタモルフォーゼ〔植物や動物の有機形態の変化発展を表すゲーテの用語〕を遂げる作用力は他にも子どもの身体内で働いています。

その意味で子どもの身体の発達を観察しますと、そのような作用力は、歯の生え変わる以前の肉体の中にいろいろと働いていることが分かります。その力は栄養過程や成長過程の中にも組みこまれています。つまり七歳頃までのその力は身体活動と不可分の形で活動しているのです。七歳の頃になると、その力は身体から独立します。そして身体の力から魂の力に変化して、小学校に入学した子どもたちの感情と思考の中で活動を続けるのです。

人智学は、人間の身体組織にはエーテル体組織が組みこまれている、と教えます。このエーテル体組織は、七歳に至るまでは、肉体組織の枠内で活動しています。七歳の頃になると、エーテル体組織の一部分が身体組織から解放され、独立した状態を獲得します。そして身体組織に依存することが比較的少ない、独立した仕方で、魂の営みの担い手になります。

とはいえ、そもそも魂の力は、この地上の生活の中では、エーテル体組織の助けなしには発達することができませんから、七歳までは魂もまた、まったく身体の中に組みこまれています。ですから幼児の魂が働くときには、身体を通してそれを表現せざるをえません。幼児が外界と関わりを持とうとする場合、その関わりは身体の働きの中でしか表現できないのです。そしてこのことは、子どもの模倣する行為となって現れます。歯の生え変わるまでの子どもは、どんな点から見ても、まったくの模倣する存在です。ですから幼児の教育とは、周囲のおとな自身が子どもの模倣のための手本となるような行動を示すことでしかありえません。

幼児教育者にまず求められるのは、まだエーテル体組織のすべてを自分の中に担っている時期の身体組織というものがどんなものなのかを、自分で体験してみることなのです。このことだけが幼児であることの意味を理解させてくれるからです。抽象的な教育理論だけからでは何も始まりません。教育のために必要なのは、人智学的な態度で教育を芸術として、子どもという人間存在の個々の場合に応じて、実践することです。

人智学がアストラル体と呼んでいる魂的組織は、歯の生え変わりから性的器官が成熟する思春期までの間は、肉体組織とエーテル体組織の中に組みこまれています。ちょうど、歯が生え変わる以前のエーテル組織が肉体の中に組みこまれていたようにです。

第二・七年期の子どもはもはや模倣だけでは不十分な生活を営み始めてはいますが、まだ自分と他の人びととの関係を知的に判断したり、それを意識的に思考したりはできません。それができるようになるのは、性的に成熟して、魂的組織の一部分がエーテル体組織の対応する部分から独立するようになってからです。七歳から一四、一五歳までの子どもは、周囲の人間との関係を自分で判断し決定しながらではなく、権威を持った人に従いながら、作っていきます。

ですからこの時期の子どもを教育する者は、おのずと子どもに受け容れられるような権威を十分に身につけることができなければなりません。教育者は子どもの知的判断力に訴えかけることなく、尊敬する教育者が正しい、善い、美しいと見なしているというだけの理由で、もっぱらそれだけで、自分も正しい、善い、美しいと思おうとしている子どもの気持ちをよく理解することが大切です。

ですから教育者のなすべきことは、真なるもの、善なるもの、美なるものを子どもの前に提示するだけでなく、本当にそうなのだという実感を伝えることです。彼の存在そのものを子どもに流していくのです。彼の教える内容をではありません。すべての教えは本質的に範例となって子どもの前に提示されねばなりません。教えるということは芸術創造の行為です。理論の内容なのではありません。

感覚の教育

『人智学的教育学とその諸前提』第一講　ベルン　一九二四年四月一三日より

生まれて間もない子どもの姿を見て下さい。まだ輪郭のはっきりしない顔つき、でたらめな動作、まだまとまりのない姿のすべての中に、深い内面から湧き上るように霊性が現れます。まなざしの中に、顔の表情の中に、手足の動きの中に、秩序が現れはじめます。顔の表情はますます豊かになり、まなざしや顔の表情の中に、内部から表面にまで霊性の働きがはっきりと現れてきます。身体を貫いて、魂が表面に現れてきます。その姿を、予断をまじえずに、じっと見ることのできる人なら、語りかけようとしている幼児の姿の中に、宇宙と人間が存在していることの奇蹟と謎を、畏怖の念とともに直観することができます。

子どもの成長過程は、七年ごとに区分できますが、通常は、そういう区分がなされていません。この区分の意味を知るには、立ち入った考察が必要ですし、現代の自然科学の考え方では、こういう内密な区別をしようとする気になれないのです。

最初の重要な変化は、ほぼ七歳のときに生じます。それは第二の歯（永久歯）が出てくるときです。永久歯の出始めは、とても興味深いのです。最初の歯（乳歯）を第二の歯が押し出します。この過程を表面的に見るだけだと、歯の生え変わりしか眼に入りませんが、見霊的な手段で、より洞察を深めていきますと、歯の生え変わりよりもはるかに微妙な仕方で、子どものからだ全体に変化の過程が現れているのが分かるのです。

最も目立った仕方で生じる歯の生え変わりと同じ過程が、本来、全身に生じているのです。一体、そのとき何が全身に生じているのでしょうか。

誰でも知っているように、私たちは爪や髪を切ります。また皮膚から表皮が垢《あか》になって剝《は》げ落ちます。つまり身体《からだ》の成分が表面で引き剝がされ、内側から押し出されます。歯の生え変わりに見られるような、内側から押し出される過程が、全身に生じています。

よく観察すると、七歳の頃の子どもは、親から遺伝されたからだを、次第に外へ押し出しているのです。乳歯が外へ押し出されるように、最初のからだ全体が、外へ押し出されるのです。この歯の生え変わる時期の子どもは、誕生時のからだをまったく新たに作り変えたからだにしながら、この私たちの前に立っているのです。誕生時のからだは、乳歯のように押し出されて、新しいからだに作り変えられているのです。

この時、からだの深いところでは、何が起こっているのでしょうか。子どもが得た最初のからだは、遺伝によって得たからだです。そのからだは、いわば父と母の共同の働きの産物として、地球の物質成分から作り出されました。しかし、そもそもからだとは、一体何なのでしょうか。

からだは、地球が人間を進化させるために、人間に与えたモデルなのです。

人間の霊魂は、霊魂界から地上に降りてきました。受胎と誕生の以前の霊魂は、霊魂界にいたのです。私たちは誰でも、からだを持った地上の人間となる以前は、霊魂界の中で、霊魂として生きていました。そして胎児のときに、父と母によって私たちに与えられた物質的な遺伝成分が、高次の世界から降りてきた霊的＝魂的な本性とひとつに結ばれました。霊的＝魂的な人間が、遺伝の流れに由来するからだを捉えます。そのからだは人間のモデルでした。そして今、歯の生え変わるとき、このモデルとしての遺伝体が外へ押し出され、まったく新しいからだが形作られます。ですから、生まれてから歯が生え変わるまでの子どもの場合、霊界から地上にもたらされたものと、大地から受けとった素材＝成分との共同作用の成果が、もっぱら遺伝によって与えられたモデルのからだに働きかけていました。そして歯が生え変わるとともに、遺伝体のモデルに次いで、第二のからだが作り上げられます。この第二のからだは、人間の霊的＝魂的本性の産物なのです。

内密な仕方で人間を観察した結果、私はこういう認識に達したのですが、こう述べますと、もちろんただちに非難を受けるであろうことは分かっています。次のような非難がこの認識に向けられるに違いありません。——「歯が生え変わったあとでも、親によく似た子どもがいるのは、どう考えるのか。遺伝の法則はもっとあとまで働いているのではないのか」。

こういう非難がなされるのは、当然だと言えます。けれども、どうぞ、こう考えてみて下さい。私たちは遺伝の働きによってモデルを与えられました。私たちの霊魂は、このモデルに従って、第二の人間を作りました。しかし、絵画や彫刻においても、私たちがモデルに従って制作するとき、モデルにまったく似せないようにしようとしているでしょうか。同様に、私たちの霊魂が、モデルに従って第二のからだを作るとき、モデルに似せた形に作り上げようとするのは、当然のことなのです。

いずれにしても、この場合の経過を実感し、洞察することのできる人は、次のように考えることでしょう。——子どもたちの中には、九歳、一〇歳、一一歳になっても、第二のからだが第一の遺伝のからだとほとんどまったくと言ってよいほどよく似ている子がいる。他の子どもの場合は、この第二のからだが第一のからだと全然似ていない。存在の内奥から遺伝体とはまったく違った形姿が作り出されている。

この両極端の間には、あらゆる中間段階が考えられます。なぜなら、霊魂が第二のからだを形成する場合、霊魂界から降りてきたときに伴ってきた本性の言うことに従おうとするのですが、第二のからだを作り出そうとするものと、遺伝によって第一のからだが手に入れたものとの間に、闘いが生じるのです。降りてきた霊的＝魂的存在の個性が強ければ強いほど、第二のからだは個性的な形姿を示します。その個性が弱ければ弱いほど、できるだけモデルに忠実に従おうとします。

では、生まれてから歯の生え変わるまでの子どもを教育するには、何をしたらよいのでしょうか。まず私たちは、超感覚的世界から神霊の力が働きかけているのを、畏敬の気持ちをもって見つめなければなりません。この最初の七年間、毎日、毎週、毎月、毎年、この神霊の力が働いて、第二のからだを形成していくのです。そして、教育するときの私たちは、霊的＝魂的存在のこの働きに参加し、神霊の力の働きを地上で継続します。神の仕事に参加するのです。

こういう事柄は、知性で解釈してよいことではありません。私たちの全存在で受けとめるのでなければなりません。そうすれば、特に最初の七年間における教育の課題の大きさを、創造する宇宙存在たちの働きに参加する使命の大きさを、実感することができるでしょう。

第二のからだを作る神霊の最初の行いは新しいからだの形成、古いからだの排出なのですが、その場合のこころとからだの関係は、子どもとおとなでは、まったく違うのです。このことを、子どもの一人ひとりに即してよく観察して下さい。おとなが何か甘いものを口に入れますと、舌で、のどで、あごで、その甘さを感じとります。けれども、その甘い食物がからだの中に入ったあと、しばらくすると、もうその味は消えてしまいます。おとながそのあとでも、味を体内に辿《たど》ることはありません。しかし、子どもの場合は違います。味覚がからだ全身に浸み透るのです。舌やあごで味わうだけでなく、からだ全部で味わうのです。甘味が全身に及ぶのです。つまり、子どもは全身が感覚器官なのです。

感覚器官はどこにその本質があるのでしょうか。眼を考えてみましょう。色が眼に印象を与えるときの過程を観察しますと、意志と知覚が眼においては一つであることが分かります。眼は身体の表面に、からだの周辺にあります。しかし誕生から歯の生え変わりまでの、最初の子ども時代の眼は、――もちろん微妙な仕方ではありますが――全身に及んでいるのです。ものを見るときの子どもは、その全身を視覚器官にして見ているのです。ですから、周囲から働きかけてくるどんな印象も、おとなの場合とはまったく違った作用を及ぼします。眼で見ることのできる周囲の動きはすべて、魂の表現となり、道徳性の表現となるのです。周囲の人びとの一挙手一投足が、無意識的に、自覚されずに、微妙に、そして内密に知覚されます。子どもの周囲に怒《おこ》りっぽい人がいて、いらいらした感情を動作に表し、子どもにそれを、先ほど述べたような仕方で、無意識に知覚させますと、——皆さん、子どもがただその動作を見ているだけだと思っていらっしゃるとしたら、大変な間違いなのです——たとえ無自覚であったとしても、子どもは道徳とどこかで結びつけて、その動作を受けとります。眼が意識的な感覚印象だけでなく、無意識的な感覚印象をも受けとりますと、その受けとったすべてが、道徳的＝内的に、子どもの中に流れ込むのです。色の印象が眼を通って全身に入っていくようにです。子どもの全身が感覚器官なのですから。

子どものからだは、繊細に作られていますから、どんな印象も全身に働きを及ぼします。道徳的なニュアンスを伴った印象は、まず子どものこころに感じとられますが、子どもの場合、こころに感じとられたものはすべて、からだにまで降りていきます。周囲の印象が子どもにショックを与えますと——これは喜びや胸の高まりにも言えることですが——、その作用が微妙な仕方で成長過程、循環過程、消化過程に及ぶのです。何かにつけて怒《いか》りを表す人にいつもおびえている子どもの魂の体験は、すぐに呼吸と血行、または消化活動に影響を及ぼします。ですから幼児にとって、からだの教育だけ、ということはありえません。こころの教育は同時にからだの教育であり、こころはすべてからだに変化し、からだになるのです。これは、とても大事なことです。

それがどんなに大事なことなのかを知るには、子どもの教育原則について考えるだけでなく、人間の一生に眼を向けなければなりません。子どもを観察するだけでは、事柄の本質が見えてきません。子どもを観察して、記憶力について、思考力について、眼や耳やその他の感覚知覚についていて、その時どきの状態を記録することも大事ですが、それだけでは、人間を認識したことにはなりません。なぜなら、植物の種の中に、根を張り、のちに花を開き、実を結ぶものがすでに存在しているように、歯の生え変わるまでの子どもの中に、――子どもはこころの動きを全身で受けとめるのですから――幸と不幸、健康と病気の種が、死ぬまでの地上生活のすべての種が播かれているのです。

私たちが教師として、教育者として子どもの生まれてから最初の七年間に与える印象は、子どもの血行、呼吸、消化に作用を及ぼしますが、その作用は、ときには四〇歳、五〇歳頃の健康と病気となって現れることもあります。ですから、教育者が幼児に接するときの態度がその子の将来の幸と不幸、健康と病気を生じさせる原因になりうるのです。

この人生の真実を、よくわきまえていて下さい。この真実は、実験室での物理学上の成果や植物展示室での植物の形態とまったく同じように、よく観察できることなのです。しかし、人は通常そういう観察をしようとしません。

例を挙げれば、学校で先生が生徒の横に立っているとします。その先生の気質は、精力的で、怒りっぽい胆汁質でした。または、内向的で、自分自身の方にばかり眼を向け、自分に対しては敏感であっても、世間から身をそむけがちな憂鬱質でした。または外から来る印象がすぐに気になり、印象から印象へとこころが移っていく多血質でした。またはすべてをなりゆきにまかせ、外から来る印象にはそれほどこころを動かされることのない粘液質でした。

教員になるための養成施設で、こういう自分の気質と意識的に向き合うことなく、気質を野放し状態にしておいたとします。そして歯の生え変わるまでの子どもが、そういう先生の胆汁質にじかに触れ続けたとします。先生が胆汁質をむき出しにして子どもに接していたとしますと、その子の循環系、内的なリズムは強い印象を受け続けます。初めのうちは印象が深く入っていきませんが、その印象が萌芽となって残るのです。そして萌芽は生長していきますから、ときには四〇歳、五〇歳の頃の循環系に先生のむき出しの胆汁質の影響が現れてくるのです。私たちは子どもを、子どものときのために教育するだけでなく、子どもの一生のために教育するのです。そしてさらには、この世の一生を超えるときのためにも教育するのです。

別の例を挙げれば、憂鬱質の人が自分の気質をむき出しにして、教員養成期間中にその気質を調和させることもなく、正当な仕方で子どもに向き合おうとする衝動を受けとることもなかったとします。そして子どもと向き合っても、自分の憂鬱質に従ったままでいたとします。そのような態度で考えたり、感じたりしていたとしますと、本来、先生から生徒へ流れていくべき熱が、逆に生徒から先生の方へ流れていってしまいます。その結果、授業に魂の熱が欠けてしまい、その影響が子どもの消化系に及び、消化系の中で萌芽となって存在し続けます。そして後年、血管系にいろいろな障害を、血液の病気を生じさせるのです。

すべてに無頓着な粘液質の人も、生徒との間に特別の関係を生じさせます。教師と生徒との間が冷たいというよりは、内的におそろしく流動的になるのです。どこにも手応えが感じられず、教師と生徒の間で魂の交流が不確かなものになってしまいます。生徒は内的に思いきり活動することができません。そういう粘液質の影響を受けた子どもを、晩年に至るまで辿っていきますと、脳の障害、脳の貧血がずっとあとになって現れてくるのが認められます。

多血質の先生の場合を考えてみましょう。その先生は、どんな印象にも注意を向けます。しかし、すぐに別の方に注意がそれてしまいます。この気質の先生は、自分にも生徒たちにも、特別な態度で臨みます。先生が印象から印象へ移り変わっていくので、生徒はとてもついていけません。子どもが内的に生きいきとしていられるためには、ひとつの印象を愛をもって受けとめ、それをゆっくりと消化する必要があるのです。こういう多血質の教師の下で教育を受けた子どもは、後年になって、生命力に欠け、重厚な人柄、内実のある態度を示すことができなくなります。

教育には魂のこまやかなまなざしが必要なのですが、そういう眼で、四〇歳、五〇歳になった人を見てみると、その人がどんな気質の先生に学んだのかを言い当てることさえできるくらいなのです。

以上のことを初めに申し上げたのは、教授法に役立てていただきたいと思ったからではありません。子どもの教育において、こころの次元の働きがこころの次元に留まることはなく、必ずからだに移っていく、ということを、まず指摘しておきたかったからです。子どものこころを教育するというのは、その人の全生涯にわたるからだの状態を左右することをやっていることなのです。

人智学は魂のために霊を求めようとしますが、「霊」と言うと、現代の多くの人はとても批判的、拒否的になります。そういう人智学は、空想の産物にすぎない、と思われがちなのです。けれども、そう思うことは、まるで眼の前に現れている現実の中から霧のようなものをわざわざ取り出して見せているようなものです。霊性の働きというものは、そういう霧とは何の関係もないのです。

人智学が教育問題を扱うときは、からだの教育をまず大切に生かそうとします。なぜなら、まさに七歳までのからだは、至るところで魂の衝動の影響を受けており、魂も霊も、そのからだの働きの根底に存在しているものだからです。どうぞ、この教育の原則をはっきりと意識して下さい。そうすれば、誕生から歯の生え変わるまでの成長のためには、唯物論者として、素材だけに働きかけることが、子どもの魂にとって大切であることが理解できます。実際、子どものからだは魂と霊の統一体だからこそ、素材が子どもの中でこころ、つまり魂と霊のために働くのです。魂と霊をそのように受けとれない人は、子どものからだが理解できません。子どもの魂と霊は、外的、素材的な現れとなって働いているのです。

教育と芸術

『ゲーテアヌム』一九二三年四月一日号より

教育芸術は本来、人間を本当に認識した上でないと、実践することができません。そして本当に人間を認識するには、ただ考察を行うだけでは不十分なのです。人間の本質を受け身の知識によって知ることはできません。人間を知ろうと思うなら、少なくとも或る程度まで、それを自分自身の本質の中に働いている創造性に即して、感じとらなければなりません。それを自分の意志行為を通して感じとらなければなりません。

人間のことをただ受け身の姿勢で学ぶ限り、その知識は教育実践に対しては抑圧的な作用しか及ぼしません。なぜならそのような知識を実践に移そうとすれば、教育者は教授法を、ただ外から教えこまれたものとしてしか受け取ることができないからです。教育者が自分でそのような教授法を作り上げたとしても、その内容は本質的には外から与えられたものなのです。

教育学の基礎となる人間認識は、それを受けとる人が自分の中でそれをまず生かそうとしなければなりません。私たちが正しく呼吸し、正しく血液が循環しているとき、自分の身体を健康であると見なすことができるように、人間についての私たちの認識も、それが私たちの中で生かされていなければ、自分のものとして体験することができないのです。

私たちが教育者として、授業するという大きな課題を引き受けるなら、私たちの人間認識が授業の中にまで当然のように流れていかなければなりません。そしてこの当然の行為の中には愛が表現されていなければなりません。そうすれば、そこに受け身な人間認識など存在する余地はありませんし、「こうすれば子どもはこう思うだろう。だからこうしなければならない」と外側からあれこれ思案したりする余地もありません。そこに生きて働くものは、自分で直接体験することのできた教師の人間認識だけです。この認識は教師の自己認識以外の何ものでもないのです。そしてその認識を通してこそ、教育における子どもへの働きかけが必然的に愛としての性質を持つようになるのです。そしてこのことは子どもを本当に体験することでもあるのです。眼が色彩を感じ取るように、生きいきとした人間認識は、子どもの本性を体験するのです。

自然認識は理論であってもかまいませんが、人間認識が理論に留まると、健全な感受性の持ち主にとって、それはまるで人間の骨格だけを体験させられているようなものです。人間認識における理論と実践の相違をいくら論じても、何にもなりません。なぜなら生活の中に本質的な作用を及ぼすことのできない人間認識は、頭の中で影のように浮遊する表象内容の興味ある集合物ではあっても、人間に深く関わることはできないからです。しかしその逆に、本当の人間認識の光を受けずにいる生活行為も、不確かな足どりで暗闇の中を模索するばかりなのです。

以上に述べたことが教育者の心構えになれば、それだけで子どもたちの前で生きいきとした教師の姿を示すことができるでしょう。そして成長しつつある子どもに対して、自分で自分を教育するように、と優しく促すことができるでしょう。

事実、教育者としての正しい心構えこそがすべての教育実践における本質部分なのです。

このような心構えによって、将来の「全人」の萌芽である子どもの成長過程が見えてきます。――おとなは機械的な労働の中でも自分を見失うことなく、その全人を労働の中に生かそうとしなければなりません。どんな子どもの本性も、人間全体の本質を表すことのできるような労働への準備を行いたいと思っています。どんな子どもも、活動することが人間の本性に基づいているからこそ、活動したいのです。おとなの場合、厳しい世間が特定の決められた作業を求めます。子どもの場合、成長する人間本性は教師に正しく導かれて、将来の社会労働の萌芽となりうるような活動を求めます。

本当の人間認識を身につけた人なら、遊びから社会労働への移行途上にある子どもの活動の意味を感じとることができますし、またその過程の中間段階で何を教えたらいいかを理解することもできます。実際、子どもの遊びは労働活動への内的衝動の厳粛な現れなのです。そして人間が本当の生き方を身につけるのは、まさにそのような活動においてなのです。子どもは「遊びながら学ぶ」べきである、という安易な言い方があります。このような考え方をする教育者から教育を受けた人は、多かれ少なかれ人生を遊びのようなものだ、と思いこんでしまうでしょう。――しかし教育実践の理想は、まだ遊ぶことが生活上唯一の魂的活動である時期には、教室で学ぶときにも、遊ぶときと同じ真剣さで学ぼうとする気持ちを子どもの中に喚び起こすことなのです。

この点を洞察した教育実践は、授業における芸術の役割を正しく理解しようとします。そしてさまざまな分野での芸術活動を育成しようとします。

人生は教育者にとっても苛酷な教師です。人生そのものが知性の発達を要求しているのです。ですから学校においても、知性の育成にどうしても教師の心が向いてしまうのです。そしてそこに問題があるのです。道徳に教師の心が向かわなければ、人間を本当の人間にする教育はできません。不道徳な人間は自分の中の「全人」を明らかに現しません。ですから子どもの道徳的な発達を十全に育成しようとしないのは、人間本性に対する罪悪であるとさえ言えます。

一方、芸術は自由な人間本性の果実なのです。教師は完全な人間存在にとって芸術体験がどんなに必要なものであるかを洞察しなければなりません。しかしそれには芸術を愛することができなければなりません。人生は愛を強制したりはしませんが、しかし人生は愛においてのみ栄えるのです。人生は強制のない状態の中での生活を望んでいます。

このことをシラーがかけがえのない仕方で表現してくれました。その成果が『人間の美的教育に関する書簡』です。美的な魂の在り方を人間の心に深く浸み込ませることの中に、シラーは一切の教育芸術の本質的な課題を見ています。人間は認識衝動の中に認識愛を深く浸透させて、創造的な芸術家のように、または美的鑑賞者のように、人生を芸術的に生きていくべきなのです。日常の義務をも、美的に体験しつつ、それを最も内なる人間本性の力で果たすのです（この機会にハインリヒ・ダインハルトの著書『シラー評価のために』における意志についての優れた論述に注意を促しておきます。この本は最近シュトゥットガルトの「来たるべき日」社から出版されました）。

シラーの『美的書簡』が教育学にあまり影響しなかったのは残念なことです。教育実践における芸術の役割を考えるとき、この書物がもっと大きな影響を教育界に及ぼすことができていたら、いろいろと大切な事柄がもっと教育に生かされていたことでしょう。

芸術は、造形芸術も文芸や音楽芸術も、子どもの本性を育てる上で非常に大切なのです。小学校に入学する頃の子どもにも、すでにふさわしい芸術活動があるのです。しかし、芸術が人間の能力を育てるのに「役に立つ」というような言い方を教育者がしすぎるのはよくありません。芸術は芸術そのもののためにあるのですから。けれども教育者が芸術に深い関心を持ち、芸術体験を子どもにも与えたい、と心から思うことはとても大切です。そういう教育者は、成長しつつある子どもが芸術体験によってどう変わるかをよく理解できるでしょう。「知育」も芸術と結びつくとき初めて、本当に生活感覚と結びつくのです。そして義務感も、子どもの活動意欲が芸術的に、自由に、物質に働きかけるときにこそ、育っていくのです。教育者の芸術的に培《つちか》われた魂は教室の中へ芸術感覚をもたらします。それが教育者を深刻なときにも明るい存在にします。そして喜びのときには個性的にします。知性だけですと、自然を頭で理解することになりますが、芸術的な感性は自然を直接体験させるのです。知性を育てられた子は、知的理解力を発達させます。しかし芸術に導かれた子は「創造力」を発達させるのです。知的「理解力」を行使する人はそのつど自分を消耗させます。「創造力」を行使する人は何かを達成するたびに大きくなります。まだ彫塑や絵画の下手な子も、芸術活動を通して自分の内なる魂的人間の存在を目覚めさせます。音楽や詩に親しむようになった子は、魂の理想的な在り方を予感することによって、人間本性を感動する力によって知るようになります。これまでの人間性に第二の新しい人間性が結びつくのを感じることができるのです。

以上に述べたことが本当に生かされるためには、芸術要素を他の授業と並んで取り上げるのではなく、すべての授業の中にそれを生きいきと組みこまなければなりません。なぜならどんな授業も、どんな教育行為も、それ自身がひとつの全体でなければならないからです。認識行為、生活形成、仕事の訓練は芸術への要求に合致しなければなりません。芸術体験は学習、観察、技術の向上への要求に応えることができなければなりません。

教育と道徳 I

『ゲーテアヌム』一九二三年四月八日号より

教育者にとっての最高の課題は、自分に委ねられた若者の道徳的な生活態度を育てるために何をしてあげられるか、ということです。しかし国民学校（小・中学校）の教育にたずさわる人にとって、この課題は大変困難なものだと言えます。その理由のひとつは、道徳教育はすべての授業の中に浸透していなければならないからです。他の授業から切り離された「道徳の時間」が設けられたとしても、その時間内に達成されうる事柄は、道徳を身につけさせる上で、他のどんな授業に較べても、ずっと役に立ちません。道徳教育は教育行為そのものの中にあるのだからです。実際、どんな場合にも無神経に作り上げられた「道徳理論の課程」は、たとえその時間にどれほど印象深い話がなされたとしても、あとになってその意図した結果を生じさせることはできないでしょう。——もうひとつの別の困難は、小学校に入学した子どもがすでに基本的な道徳習慣をそれまでの生活の中で作り上げている、という事実にあります。

子どもは、七歳の頃の歯の生え変わる時期までは、完全に環境と一つになって生きています。その意味で、子どもは全体が感覚である、と言ってもいいくらいです。眼が光や色彩と一つになって働くように、子どもはそのすべてが環境の生活表現と一つになって生きているのです。父親、母親の一挙手一投足がそれに応じた仕方で子どもの内なる組織の中で体験されるのです。――ゼロ歳からこの時期までに、脳組織が人間の内なる力によって形成されます。そしてその脳から身体のすべての組織へ向けて、それらの組織に特定の形態を与える働きが及ぶのです。その際、脳の中には、精妙な仕方で環境に適応しつつ、組織が形成されていきます。子どもが言語を習得できるのはまったくこのことの結果なのです。

けれども環境の在り方は、その外側の部分だけが子どもの本性に作用し、その内部に刻印を押すのではありません。外側の部分とともに、周囲の人間の魂の内容、道徳内容も作用を及ぼすのです。日常、子どもの前ですぐに怒りを表す父親は、子どもの最も精妙な組織構造の中にまで、怒りへの傾向を受け容れようとする働きを組み込むのです。いつもひどくおどおどしている母親は子どもの身体組織の中にまでその働きを及ぼして、子どもの魂をひどくおどおどしたものにします。

歯の生え変わる頃までには、子どもの身体組織の中に組み込まれた特定の道徳的傾向が子どもの魂を特徴づけているのです。

この状態の下で、つまり道徳的に傾向づけられた身体組織を持った子どもの教育を国民学校の先生は引き受けるのです。――この事情が理解できない先生は、子どもが無意識に拒否するであろうような道徳衝動をも子どもに押しつけようとします。それを受け容れることにからだが抵抗するから子どもは拒否するのです。

しかし道徳教育にとって本質的なのは、小学校に入学する子どもがそれまでの環境模倣によってすでに基本的な生活態度を身につけていること、そしてこの基本的な生活態度がこれからの学校環境の中で変化できること、このことを教育者がよくわきまえていることなのです。怒りやすい環境の中で育った子は、その環境を通して、身体組織を育成してきました。このことに注意を向けなければなりません。このことを考慮に入れなければなりません。しかしそれを変化させることはできるのです。このことが理解できれば、歯の生え変わりから思春期までの第二・七年期に、必要に応じて、適切な、思慮深い、断乎とした態度で、子どもの魂を支える用意をそのつどしてあげられます。不安な、おびえた環境に由来する子どもの身体組織は羞恥心と純潔さを大切に感じる高貴な気持ちを育てることで、同様に必要な支えを与えてあげられます。――このように人間の本性を本当に認識することが、道徳教育にとっても基本的に必要なことなのです。

教育者は歯の生え変わりと思春期との間に子どもの本性が一般にどういう発達を遂げるか、その際何が要求されるかをよく意識していなければなりません（この要求については、以前にアルベルト・シュテッフェンによってこの週刊誌『ゲーテアヌム』に再録され、今また書物として出版された教育連続講義の中に述べられています）。*

＊『霊と魂の自由な発展の基礎としての身体の健全な発達』ドルナハにて　一九二二年一二月二三日――一九二三年一月七日のこと。

道徳上の基本態度を変化させ、正しいと思えることを伸ばすことができるようにするには、感情生活における道徳的な共感、反感にまで影響が及ばなければなりません。そして感情生活に働きかけることができるのは、抽象的な規範や理念ではありません。形象なのです。私たちは授業中、子どもの魂に向けて偉大な人間の生き方や行動を形象《イメージ》として提示する機会を作ることができます。そのような形象《イメージ》が道徳的な共感と反感に働きかけるのです。道徳についてのこのような感情判断を歯の生え変わりと思春期の間に育成しなければならないのです。

歯が生え変わるまでの子どもは帰依する態度で環境の生活表現を直接模倣するのですが、歯の生え変わりと思春期との間では、教育者が権威をもって語る言葉を帰依する態度で受け容れます。

もしこの第二・七年期に、教育者のおのずからなる権威に帰依的な態度で接し、それを通して自分を成長させることができなかったなら、その後の人生において道徳的な自由への意識を目覚めさせることはできません。教育者の権威の必要についてはすべての教育に言えることですが、とりわけそれは道徳教育にとって必要なのです。尊敬する先生のそばで、感情を働かせながら、子どもは何が善く、何が悪いのかを学ぶのです。先生は世界秩序の代表者です。成長しつつある子どもはまず信頼できるおとなを通して、世界を知るようになるのです。

このようにして世界を知ることの中に、どれほど重要な教育衝動がこめられているかを知るためには、第二・七年期の三分の一が過ぎた、ほぼ九歳から一〇歳にかけての子どものことを、本当によく認識しようとすることが大切です。人生のこの時点で、最も重要な転換期のひとつを子どもは迎えます。子どもは半ば無意識に、多かれ少なかれ暗い感情の働く中で、或る本質的に重要な体験をやり遂げるのです。そのときの子どもにおとなが正しく向き合うことは、子どものその後の生活全体に計り難いほどの影響を及ぼします。この時期の子どもが夢に似た感情の営みの中で体験する事柄を、もしも意識的な表現で語るとすれば、次のように言わなければなりません。——子どもの魂の中に問いが現れてくるのです。「先生は私が今、尊敬を込め、信頼を込めて受けとっているその力を一体どこから得ているのか」。——私たちはこのように問う子どもの無意識の魂の深みに向かって、教育者として、自分の権威が世界秩序の中にしっかりと根を下ろしているからこそ正しいのだ、と実証できなければなりません。本当の人間認識を持つことができれば、この時期の子どもがいくらかの言葉を、それどころかときにはたくさんの言葉をこのことのために必要としている、ということに気づくはずです。何か決定的な体験がこの時期には必要なのです。そして何が決定的なのかを教えてくれるのは、子ども自身の本性だけです。そして子どもの道徳的な力、道徳的な確かさ、道徳態度のために、まさにこういう時期にこそ、言い表し難いほどに重要な事柄を教育者は行うことができるのです。

思春期までに道徳的な感情判断が正しい仕方で育成されるなら、次の第三・七年期になって、その判断が自由な意志の中に取り入れられるでしょう。国民学校を卒業した若者たちは国民学校時代の魂の作用を受け継ぎ、自分の中の道徳衝動を他の人たちとの社会的な共同生活の中で、自分の存在の内部から発展させようと願いながら、生活するようになるでしょう。そしてそれまでに正しく育成された道徳的な感情判断の中で芽生えてくる意志が、道徳的に力強い存在となって行動の中に現れてくるでしょう。

教育と道徳 II

『教育と授業の問題』ロンドン　一九二三年一一月一九日より

霊的認識の第一段階に立つと、今この瞬間だけに世界と関わり合っているのではなく、生まれてから経験してきたこれまでの人生のどの瞬間の中にも立ち戻ることができる、と思えるようになります。

一八歳、一五歳の頃に立ち戻って、その当時の体験を、影のような思い出としてだけでなく、生きていたときと同じ切実さ、同じ生きる力で、追体験できるようになるのです。そのときの私たちは、ふたたび一五歳、一二歳になれるのです。私たちが、こころの内部で、この霊的な変容を体験するとき、第二のからだである「エーテル体」という精妙なからだに出会います。エーテル体とは、空間内のからだとは違い、体重のない、時間のからだのことです。

そのときの私たちは、一気に、エーテル体に刻印づけた時間内の出来事のすべてを通観します。

そしてそれを可能にしているのがエーテル体なのです。この精妙なからだの中は、空間のからだ（肉体）と同じように、私たちがその中に生きているからだなのです。

たとえば、私たちが或る種の頭痛に悩まされるとき、その頭痛を治すのに、便秘を解消しなければならないことがあります。頭だけを相手に治療するのではなく、頭とかけ離れた臓器を相手にする必要があるのです。このように、私たちの担っている「空間のからだ」の中では、どの部分も相互に関連し合っていますが、しかしこの「エーテル＝時間体」においても、同じことが言えるのです。エーテル体は、特に幼児期に活発な働きを示していますが、もちろん一生の間働き続け、たとえば次のような働きを示してくれます。

三五歳の人が、新しい人生の転機を迎えたとき、眼の前の状況をよくのみこんで、必要な行動をとることができた場合、今、自分がそう判断し、そう行動できたのは、かつて一二歳だったとき、または八歳だったときの先生から学んだことのおかげだ、と思えることがあります。三五歳のその人は、八歳か一二歳のときに先生から受けた教えが、ふたたび今喜びとなって輝くのを感じます。先生が八歳か一〇歳のエーテル体に与えてくれたものが、――ちょうど頭から離れたところにある器官が頭痛を消す働きをするように――遠く離れた後年に立派な働きをしてくれるのです。六歳または一二歳のときに体験したことは、三五歳以後になっても働き、そして喜びの気分やふさいだ気分を喚び起こすのです。最晩年の人の心身の状態は、空間体（肉体）の或る器官が離れたところにある別の器官に依存しているように、かつて幼児期に先生が時間体（エーテル体）に与えた体験に依存しているのです。

このことをよく考えてみると、教育のために必要な土台は、エーテル体がどういう成長を遂げるのか、エーテル体の個々の在りようが時間的にどのように関連しているのか、を認識することにある、と思わざるをえません。

このことを首尾一貫して考えてみて下さい。ちょうど画家や彫刻家が技法を学ばなければならないように、教育者もひとつの教育技法を身につけなければならないのです。画家が、素人のようにではなく、形態を観察し、色と色との関係、その調和、不調和を観察し、その観察をもとにして、独自の色や線をわがものとするように、そして自分の全存在を賭けて、それをわがものとするために、まず正しく観察することから始めなければならないように、教育者は霊的＝エーテル的に、つまり時間の流れの中で、生涯全体をひとつの有機的統一体にしているものを観察し、活用しなければならないのです。実際、教育は学問ではありえません。芸術でなければならないのです。芸術家が身につけなければならないのは、第一に特別の観察力であり、第二に絶えざる観察の中で、素材との絶えざる葛藤の中で、技法を身につけることです。私たちの人智学という霊学は、そのような真の教育芸術を身につける道を明らかにすることができるのです。

この点は、別の関連でも言うことができます。教育が本当に力のあるものになるためには、幼児期に本性の深いところから成長しようとしているものを正しく育てなければなりません。私たちの教育芸術は、子どもを前にして、この子を神から託されている、と思えなければなりません。そう思うことは、教育行為にたずさわる自分を、内的、道徳的に高めてくれるのです。宗教における畏敬の感情のように私たちの教育行為を貫いているものだけが、子どもの内部にひそむすべての素質を開花させ、子どもの生きる力を促すことができるのです。言い方を換えれば、どんな教育行為も、それ自身道徳的でなければならず、道徳衝動に発したものでなければならないのです。そしてこの道徳衝動こそが、人間を認識し、人間を観察するときの力にならなければなりません〔シュタイナーは、「道徳」という言葉で、社会のルールを守る、という意味の「社会道徳」のことではなく、個人の内部にひそむ霊性、神性と出会う道のことを考えている〕。

人智学の観点からの人間認識と人間観察によって、人間の一生の経過が、通常よりも、はるかにはっきりと見えてきます。たとえば通常は、子どもがほぼ七歳に達すると、永久歯が生えてくるのを見、ときには身体に或る変化がその歯の生え変わりに伴って現れてくるのを見ます。けれども、子どもが歯の生え変わる頃にどんな変化を経験しているのかを正確に見ているわけではありません。

この歯の生え変わる七歳の頃から、以前は子どもの体内の奥深くにひそんでいた働きが表に現れてくるのです。七歳に始まる歯の生え変わりは、人生の一度限りの、突然の出来事ではありません。それは乳歯が生えてから歯が生え変わるまでの生活全体を網羅《もうら》する出来事なのです。生命の力がこの七年間に働き続け、最後に永久歯を突き出させたのです。この七年間全体に働き続けた経過の終りが歯の生え変わりなのです。

さて、人は生涯、もはや二度と歯の生え変えを経験しませんが、それは一体なぜなのでしょうか。永久歯を得るのに必要だった、七歳までの生命力は、その後はもはや肉体のために用いられず、したがって歯の生え変わるようには働かなくなったからです。では七歳以後の生命力からは、何が生じるのでしょうか。

霊的な観点から見ると、歯の生え変わりから思春期までの子どもの魂の変化の中に、この力がふたたび現れてくるのです。まず記憶の働きの中に変化が生じます。それとともに、子どもはこれまでとは違った態度で環境に向き合います。

物質的に見るだけでなく、霊的に見ると、ほぼ七歳から一四歳までの子どもの魂の中で、それまでさまざまな仕方でからだに働きかけ、からだの全体をまとめてきたエーテル体の力が、物質的、身体的な働きをやめ、魂的に働き始めるのが分かります。ですから一般に、歯の生え変わりから思春期までの子どもの魂の中には特別の力が働いていますが、その力は、生まれてから歯が生え変わるまでの子どもの場合、からだの中で働いていたのです。だからこそ、歯の生え変わるまでの幼児の全身は、感覚器官となっていたのです。もちろん粗野な仕方においてではなく、精妙な仕方においてです。精妙な仕方において、幼児は全身という「眼で触れ」ようとしています。おとなの眼は、周囲の対象を見ます。そして外にあるものをこころの中で像に変えます。外の対象を内なる像にするのです。生まれて間もない乳児、幼児は、そういう視覚像を持っていませんが、別の特別な知覚像を持っているはずです。幼児のすべてが感覚器官になっているのですから。

このことを具体的に考えてみますと、私たちおとなは舌やあごで味を味わいますが、乳児の場合の味覚は、全身に及びます。全身が味覚器官になっています。同様に、全身が嗅覚器官であったり、触覚器官であったりしています。からだの組織全体が感覚の性質を持ち、その感覚の光が子どもの全身を照らし出しているのです。

こうして七歳までの子どもは、周囲の環境の中に生じるすべてを、こころの内に再現し、自分をそれに従って成長させようとする傾向を持っているのです。子どもは周囲の人のどんな身振りも自分と関係づけ、こころの中で再現し、自分でもその身振りをやってみようとします。子どもは周囲の人の行為の中に完全に生きています。歯の生え変わるまでの子どもは、何でも模倣してみる存在なのです。

そしてこの最初の七年期の子どもの最も本質的な特質である言語能力が、この模倣から生じます。周囲の人びとのやること、なすことの中に沈潜し、周囲の事情にこころから適応する模倣行為を通して、言語が育成されるのです。ですから、幼児教育に関わる人は、この模倣原則を、最も重要な教育原則であると考えなければなりません。幼児を教育するときには、幼児が霊、魂、体のすべてをすくすくと育てることができるように、幼児が模倣するにふさわしい行動や出来事を幼児に示してあげなければなりません。幼児の霊と魂だけでなく、幼児のからだにも、諸器官を健全に育てるのに必要なものを植えつけると、それが全生涯を通じて働き続けます。私が四年間幼児のそばで語ったり行ったりしたことは、その子が六〇歳になっても、その子の中に生き、そして最晩年になっても、それが自分の運命として感じられるのです。

このことを考察するのにふさわしい例があります。誰かが教育者に向かってこう言うとします。――「うちの子はとても良い子で、間違ったことをやったことがなかったのに、今ひどく不正な行為をしてくれた」。

一体どうしたのか、と訊きますと、こう言うのです。――「母親の金を盗んだのだ」。

経験のある教育者なら、こう訊きます。――「その子はいくつですか」。「五歳です」。五歳ならば、模倣の原理が活発に働いているはずです。それで分かったのは、次の事実でした。その子は毎日、母親が戸棚からお金を取り出すのを見ていました。それをただ真似しただけだったのです。その子にはまだ善も悪もなく、周囲の行いを模倣する衝動しか持っていなかったのです。

そういう子に善いこと、悪いことを掟《おきて》として教え込み、そうすることで幼児に何かをしてあげられた、と思うのは、まったくの幻想です。私たちにできるのは、子どもの前に模倣すべき手本を示すことだけなのです。

手本を示すことは、子どもの考え方にも影響します。教える者と幼児との間には、微妙な、内的、霊的な関連が存在しますから、幼児のそばで、幼児にも真似できるような感じ方、考え方を持つことが大切です。なぜなら、幼児の魂は、いつも感覚として働いているからです。幼児は、おとなの感覚からは夢にも考えられないくらい微妙に心を動かしながら、周囲に生じる事柄を知覚しているのです。

歯が生え変わったとき、それまでからだの奥深くにひそんでいた力が、感覚とは異なる感情の力になって現れます。それまで周囲の環境に帰依していた子どもの魂は、感情となって、他者の魂に向き合います。周囲をただ模倣するのではなく、心服する権威を周囲に見つけ、その権威と結びつきたい、と思うようになります。七歳までの幼児は、環境に帰依し、環境とひとつになっていました。この帰依する態度は、「宗教感情」のこの世での現れである、とも言えます。おとなは精神のレベルで、神に帰依するという宗教感情を持ち、子どもは全身で物質環境に帰依しています。それは宗教衝動の身体レベルでの現れであるとは言えないでしょうか。

子どもが七歳を過ぎますと、全身で環境に帰依する代わりに、自分の魂の力で他者の魂に帰依するのです。先生が子どものところへ近寄ります。子どもは先生を見上げて、この人は何が善くて、何が悪いのかをすべて知っている、と当然のように思います。それまでは周囲の人びとの身振り、人びとの動きに従っていましたが、今は先生の言うことに従うことが、子どもの魂にとって必要なのです。

七歳から一四歳までの子どもは、当然のように、権威に従いたい、という道徳的な願いを持っているのです。子どもは権威ある先生が求める通りの存在になろうとします。第二・七年期の子どもにとって、このごく自然な権威への愛と信従は、これまでの模倣の原則と同じ、こころとからだを育てる上での基本原則なのです。

私は一八九〇年代の初めに『自由の哲学』(ちくま学芸文庫所収)を書きました。その私がここで何らかの不当な権威主義を振りかざそうとしている、などとは思わないで下さい。私が申し上げたいのは、ほぼ七歳から一四歳までの子どもが、先生から教えを受けるとき、これはいい、これは正しい、これはよくない、これは間違っている、と知的に判断しないで、先生がいいと言っているのだから、これはいいことだ、先生がきれいだね、と言っているから、これはきれいなのだ、と思うのは、人生における自然法則のようなもので、子どもの成長にとって必要なのだ、ということなのです。

興味をそそる世界の出来事のすべてが、愛する先生を通って子どもに達するのでなければなりません。これはほぼ七歳から一四歳までの子どもを成長させるための原則なのです。最初の七年間の子どもは、宗教的帰依を全身で体現しているかのように、周囲に向き合っています。歯の生え変わりから思春期までの子どもは、愛に満たされた美的な態度で周囲に向き合っています。子どもが気に入るのは、先生がいい、と教えてくれたものなのです。先生がよくないと言えば、子どもはそれを拒否します。

ですから、第一・七年期のためには、先生が手本でなければなりません。第二・七年期においては、高貴な意味での権威、自然な権威が先生の中からにじみ出ていなければなりません。そうすれば子どもは、私たちの傍《かたわ》らで、正しい仕方で、「自己教育」を行うことができるのです。自己教育において最も大切なのは、このような種類の「道徳教育」なのです。次にこの問題について、もっと詳しく考えてみましょう。

七歳までは、全身が感覚器官であったとすると、歯の生え変わった七歳以後は、感覚体験がもっと魂の表面に現れてきて、身体全体との直接的な結びつきを切り離します。しかしそのときも、まだ個々の感覚器官を自分で働かせ、育成しようとはしていません。子どもは感覚組織全体に魂で帰依しようとはしていても、まだ意志の力で内部から感覚組織の働きに関与しようとはしていないのです。

感覚組織に内部から関与するとは、知的な人間になる、ということです。そういう知的な人間になるのは、思春期以後のことです。そのときには、世界を知的に判断し、評価するようになります。知的に評価しつつ、個人として、自由に自分で判断するのです。思春期になったとき初めて、そうすることができるようになるのです。ですから、私たちは歯の生え変わりから思春期までの義務教育期間の子どもを、まだ主知主義的な仕方で教育してはいけないのです。道徳教育をするときにも、まだ道徳を知的に教えてはなりません。

第一・七年期の子どもは、外の感性世界の中に模倣できるものを求めます。七歳以降の子どもは、先生を権威として認めたいと思っています。そしてできることとできないこと、本当のことと嘘のこと、正しいことと正しくないこと等々を、先生から教えてもらおうとしています。

ところが、九歳と一〇歳の間で、子どもの中に非常に重要なことが生じ始めます。子どものことをよく知っている教育者は、九歳と一〇歳の間のいつか、特別熱心に、子どもが或ることを必要とするようになるのを知っています。子どもは主知主義的な疑問を持つのではありませんが、内的な不安を抱えながら、子どもらしい仕方で、運命への問いのような何かをこころに抱くのです。それは、はっきりと語られません。はっきり語れるようなものではないのですが、半ば夢心地、なかば無意識に、それを感じているのです。子どもたちがどんなふうにこの時期を乗り超えるのか、教育者は見ておく必要があります。

子どもたちは、自分たちが敬愛の念で見上げる先生から、何か特別のことを学びたいと思っています。その場合、子どもたちに知的な仕方で明確な答えをすることができなくてもよいのです。この年齢にとって大切なのは、信頼関係を築くことなのです。先生は今までよりも、もっと熱心に、子どもに語りかけ、子どもに特別の愛情をかけることが大切なのです。子どもが先生の愛を感じとり、先生をますます信頼するようになること、これが子どもの生き方にとって最も大切なことなのです。

「一体、生きることにどんな意味があるのか」——子どもは知的にではなく、感情をもって、無意識に全人格をもって、こう問いかけます。私たちは生きる意味を言葉で表現することができますが、子どもたちはそういうことを求めているのではありません。この年齢に達するまでの子どもは、素朴に、愛する先生の権威に従っていました。今、子どものこころに、この世の善と悪の力をあらためて感じとりたいという、道徳的な要求が目覚めるのです。これまでは先生を仰ぎ見ていましたが、今は、先生を通して見えるようになりたい、と願います。子どもにとって先生は、自分と同じ人間として、善いとか悪いとか言うだけでなく、神の使者となって、善い、悪いを高次の世界から語ってくれている、と感じたくなるのです。

子どもは知性によってそう考えるのではなく、子どもの感情がそう求めるのです。子どもの感情が提示する特別の問いは、「善いか悪いか、真か偽かを語るときの先生の考えは、とても深いところに根ざしているのですね」、ということです。それが肯定されたら、子どもは新しい信頼をもって生きていけるのです。

これは、道徳教育が単なる模倣や、これは善い、これは悪い、とただ言うだけではすまされなくなる時点でもあります。九歳と一〇歳の間のこの時点は、概念によってではなく、イメージによって――なぜなら、子どもは知性にではなく、感性に従っているのですから――子どもに道徳内容を示すことのできる時点なのです。

そもそも、歯の生え変わりから思春期までの義務教育の年齢の子どもは、イメージによって教育されねばなりません。イメージとすべての感覚に訴えかけて、です。もはや全存在が感覚ではないにしても、子どもは今、こころとからだの表面に現れた感覚的知覚の中で生きています。一般に七歳または六歳から、その観点からの読み書きを学習すべきなのですが（『教育芸術』Ⅰ・Ⅱ（筑摩書房刊「ルドルフ・シュタイナー教育講座」二、三巻）参照）、今は道徳教育だけにしぼってお話ししています。

子どもが九歳と一〇歳の間の時点に達したとき、特に子どもの想像力を刺戟するイメージを取り上げることが大切です。共感を喚び起こせるような生き方のイメージをです。子どもに道徳的な規律を教え込むのでも、知的に道徳上の判断をさせるのでもありません。

大切なのは、美的な関わり方、つまり想像力を働かせることなのです。善と悪、正と不正についても、美的に共感、反感を喚び起こせるようにならなければなりません。また崇高な行為、立派な態度、または不正な行為のそれぞれにふさわしい結末を示して、子どもの感情に訴えかけるのです。それ以前は、先生自身が子どもの道徳的規範でなければなりませんでしたが、今は感覚体験と結びついた、生きいきと想像力に働きかけてくるイメージを子どもに与えなければなりません。思春期までに道徳を感情で受けとめられるようにならなければならないのです。子どもが感情でしっかりと判断できるようになり、「これは善いことだ、共感できる、これは悪いことだ、とても好きにはなれない」、と言えるようにならなければなりません。共感と反感、感情による判断、それが道徳生活の基礎にならなければならないのです。

人間の時間体（エーテル体）もひとつの生きたからだであり、そこでは、時間的にすべてが関わり合っている、ということが洞察できたなら、正しいときに正しいことを行うことがどんなに大事なことか、分かるでしょう。植物を育てるとき、すぐに花を咲かせようとはしません。花が咲くのは、ずっとあとになってからです。初めは根づかせなければなりません。根を花にしようとしたら、植物は生きていかれません。歯の生え変わりから思春期までの子どもに知的に道徳判断を求めようとしたら、植物の根を花にしようとするようなことになってしまいます。まず根を、そして芽を育てなければなりません。言い換えれば、感情の中での道徳性をです。子どもの感情の中に道徳を育てますと、思春期にすこやかな知性が目覚めるのです。そして子どもは、歯の生え変わりと思春期の間に感情として体験した事柄を、自分で内的に、知的に深めて、優れた道徳的判断をすることができるようになるのです。

道徳教育はすべて、このことを目ざすのでなければなりません。これは人生にとって大変重要なことなのです。植物の根をただちに花にすることはできず、根から芽が出、茎が伸び、最後に花が咲くまで待たなければならないように、私たちは道徳の根を感情判断の中で、道徳への共感の中で、ゆっくりと育てなければなりません。そうすれば、子どもはあとになって、自分の力で道徳感情を知性に結びつけるでしょう。そのとき、何が正しく、何が正しくないかを教えてくれた先生への思い出が生きいきと残るだけでなく、魂の生活全体が喜び、力づけられ、後年になっても、道徳的な判断をするたびに、先生のかつての教えが必要な瞬間に目覚めてくれるでしょう。子どもをなんらかの道徳的な方向に強制しても、よい結果は得られません。自由に成長する魂の中から、道徳的な方向がおのずと生じてくるのでなければなりません。そうすれば、子どもの魂は、道徳的判断力だけでなく、道徳的な行動を身につけます。すべてを正しい時点で教育するように努めることが、教育の霊学的な方法なのです。このことは何度でも繰り返して言わなければなりません。

こう言うと、皆さんはお尋ねになるでしょう。——「子どもを教育するとき、歯の生え変わりと思春期との間に感情による道徳判断を学ばせ、知性に訴えかけたり、規律に従わせたりはしない、と言うのなら、私は何も確かな基準が持てなくなる」。

そうなのです。あの自立した権威が、今や先生と生徒との間の不確定要因になっていくのです。

このことをひとつの例で明らかにしてみましょう。私は人間の魂の不死について、子どもにイメージで説明しようとします。科学的にではなく、イメージによってです。本来、思春期以前の子どもには、科学など存在していませんから、自然も精神も、こころもからだもひとつに結び合わさっています。ですから、魂の不死を芸術的にイメージできるように語るのです。――「いいかい、これはさなぎだよ。蝶はさなぎから這い出てくるね。それと同じように、人が死ぬと、魂がからだから離れて、外へ出ていくんだよ」。

こう語ることで、子どもの想像力を刺戟します。生きいきと魂のイメージを子どもの道徳心を刺戟するように示すのです。その場合、二つのやり方があります。

そのひとつはこうです。――「私は偉い先生だ、何でもよく知っている。子どもは幼く、何も分かっていない。子どもはまだ私のレベルに達していないのだから、子ども用のイメージを作らなければならない。そのイメージは、私自身の役には立たないけれども、子どもの役には立つはずだ」。

もし私がこういう考え方で子どもに接したなら、そのイメージが子どものこころに訴えかけることはありません。入ってきたときと同じように、また外へ出ていってしまうだけです。先生と生徒の間には、不確定要因が働いているのですから、その時そのときが勝負なのです。

しかし、私はこう思うこともできます。――「もともと自分は子どもより利口だとは思っていない。多分無意識の部分では、私より子どもの方がずっと賢いのだろう」。私が子どものこころを尊重し、イメージに関しても、「私が自分でこういうイメージを作ったのではない。自然そのものが這い出てくる蝶のイメージを私に与えてくれたのだ。私は子どもとまったく同じくらい熱心に、このイメージを信じている」。

私が自分で信じているとき、そのイメージは子どものこころの中に場所を占め、物質世界にではなく、先生と生徒の間に生きている不確定ながら精妙な世界の中で働き始めるのです。そしてそこに働く不確定要因こそが、知的な授業で学習するすべてを上回る働きをしてくれるのです。

こうして子どもは先生の隣で、のびのびと成長していきます。そういう先生は、生徒の傍らでこう思っています。――「私は子どもたちの環境になっている。子どもができるだけ自分で自分を教育していく機会を用意する役割を担っている。生徒より私の方が偉いはずはない。ただ数年早く生まれてきただけなのだから」。

実際、先生がいつも偉いわけではありません。だから、いつも子どもの成長の協力者でありさえすればよいのです。庭師が植物の手入れをするとき、根から花へ通じる樹液の流れを外から無理に速めたりはしません。植物の環境に配慮して、樹液がよく流れるようにするだけです。それと同じように、自分を無にして、子どもの内なる力がおのずと発達していけるようにすれば、良い先生になれるのです。そうすれば、生徒は立派に育っていけるのです。

こうして子どものこころが発達していけば、道徳心も植物と同じように、次々に或る部分から次の部分へと成長を遂げていきます。まず、道徳心は、模倣本能となって現れます。それから、前述した仕方で、道徳感情が子どもの中に根づきます。そしてあとになって、生活上必要な内的な、または身体的な力を発揮して、道徳的な生き方ができるようになります。そうでないと、おそらくは体力と気力が麻痺してきて、立派な道徳判断はできても、それに従うだけの力が持てなくなってしまうでしょう。

第一・七年期に手本が力強く働きかけていたら、道徳心がしっかりと根づきます。歯の生え変わりから思春期までに善への共感の力と悪への反感の力が子どもの感情の中で生きているなら、後年になって、道徳的な態度をとらせまいとするあれこれの抑圧を乗り超える力を持つことができるでしょう。

模倣する存在だったときの人間は、からだの中に魂に必要な力を蓄えました。その力によって、第二・七年期になると、道徳感情、共感、反感の力が育ってきました。そして、第三・七年期に、子どもはのびのびと個性を生かしながら、つまり自分の知性で道徳的な判断を下せるようになるのです。ちょうど太陽の光に応じて植物が花を開き、実を結ぶようにです。第一・七年期のからだと第二・七年期のこころの中で、道徳のために用意されたものが、ちょうど植物の花が開き、実が稔るように、自由に人生を生きるために目覚めるのです。

道徳的な観点から、内的に、自由に、自分自身を評価できるようになると、道徳衝動が人間の内面と結びつきます。そして「これは自分自身の問題だ」、と思えるようになります。からだの血液循環や成長力が自分の問題であるように、道徳作用や道徳力が自分の問題になるのです。自分の本能が全身を、皮膚の表面に至るまで貫き働いているように、道徳を正当な仕方で自分の中に発達させてきた人は、その道徳を自分のものと感じとっているのです。

そうしたら、どうなるでしょうか。そうしたら、人間は自分に向かってこう言えるようになるのです。――「私が道徳的でなくなったら、私は自分の中の大事なものを失ったことになる」。からだの一部分を失った人は、自分の中の大事なものを失ったと思います。前述した意味で自分の中に道徳の力を育てた人は、「私が道徳を捨て、社会的な行動を道徳に結びつけないならば、私は自分の大切な部分を失っている」、と感じるようになるのです。

自分が道徳的でなければ、自分の中の大切なものを失っている、と判断できることは、そもそも人間が自分の中に発達させることのできる最も強力な道徳衝動なのです。人間を正しく教育できたなら、その人は全人でありたいと思い、自然に自分の道徳心に励まされて、自分の中に霊性を求めるようになります。そうなれば、体内に自然の力が働いているように、世界を貫いて流れる善なる働きが自分の中にも働いているのを知るようになります。

比喩的に言うなら、ここに蹄鉄があるとします。蹄鉄として作られた鉄です。そこに誰かが来てこう言います。――「この蹄鉄は磁石にも使える。鉄にはそういう力が内在している」。

しかしそこに別の人が来て、こう言います。――「何だって。蹄鉄が磁石になるだって。そんなことはどうでもいい。この蹄鉄は私の馬用のものなのだから」。

人生全体の中に、さまざまな発達過程を通じて、生命の霊性が働いているのを見ることのできない人は、あとから来た人に似ています。人間の中に霊性の働きを見ないで、鉄を特定の道具としてしか見ていないこの人は、磁鉄を自分の馬に打ちつける蹄鉄であるとしか考えていません。そういう人は、子どもに人生の正しい見方を教えるのでも、人生を正しく生きる力を育てるのでもありません。人生のために道徳が霊的な意味で感じられ、意志されるならば、その道徳の力は最も力強い社会衝動にもなりうるのです。

現在、私たちは社会問題の旗を掲げて働いています。この社会問題の役割を私たちは確信しています。それについてお話できればよかったのですが、しかし、私に与えられた時間はもう終ります。ですから簡単に、次のことだけを申し上げたいのです。

社会問題には多くの側面があります。現在無党派層の誰かが、社会問題を具体的に取り上げ、社会の未来のために社会改革を考え、実行に移そうとするとき、その改革の細部を検討する必要に迫られます。しかし、考え、実行に移すことのできる社会諸制度のすべてに対しては、こう言わざるをえないのです。――「道徳問題なしに社会問題を扱うのは、まるで光のない部屋を建てようとしているようなものだ。光のない部屋で、一つひとつのものを見つけようとしているようなものだ」。

社会問題は、道徳問題を現実の中に生かそうとするとき初めて、正しい考察対象になるのです。人生を全体的な関連の下に考察するなら、こう言わざるをえません。――「道徳問題は、社会生活を照らす光に等しい。社会問題は、真の意味で、霊的な観点の下に置かれなければならない」。

ですから、社会生活も、道徳問題にどう向き合うのかが、まず問われます。今日は、私たちが人智学的霊学と呼ぶ霊性の学が、この意味でも、現代の大きな時代問題に誠実に向き合い、そして私たちが道徳問題と共に道徳的な人間を育成するための教育に真剣に関わっていることを示すことができたのではないか、と考えております。

第三部
教育のためのお祈り

母の祈り

宇宙を導く神の力から
流れる
光と熱よ
私をつつみ
守って下さい

生まれる前の母の祈り

どうぞ今　この子の魂が
あなたの意志のままに
あなたの世界から
私に授けられますように

生まれた後の母の祈り

どうぞ今　この子の魂が
あなたの意志のままに
あなたの世界へ向かって
私に導かれて
生きていきますように

赤ちゃんのための眠る前の祈り　（おとなによって唱えられる）

お前の中に光が流れていきますように
私は愛をこめてその光につきそい
この上ない喜びとともに
お前の生命《いのち》のいとなみを見守ります
それはお前をすこやかにするでしょう
それはお前を支えてくれるでしょう
それはお前の心を明るくしてくれるでしょう
人生を歩みはじめるお前のために
心から　この私の喜びの気持ちが
お前の生きる意志と結びつきますように
そして　この意志が
どんな時にも　どんなところでも
自分自身で強く存在していけますように

自分でもお祈りできる幼児のための
眠る前の祈り　その一

私の頭も私の足も
神さまの姿です
私は心にも両手にも
神さまの働きを感じます
私が口を開いて話すとき
私は神さまの意志に従います
どんなものの中にも
お母さまやお父さまや
すべての愛する人の中にも
動物や草花や
木や石の中にも
神さまの姿が見えます

だからこわいものは何もありません
私のまわりには
愛だけがあるのです

自分でもお祈りできる幼児のための
眠る前の祈り　その二

私の心は感謝します
私の眼が見えますことを
私の耳が聴こえますことを
私が目をさまして感じることができますことを
お父さまやお母さまの中に
お空の雲の中に
すべての愛する人びとの中に
お星さまやお空の雲の中に
神さまの光が
神さまの愛が
神さまがいらっしゃるのです

神さまは私を眠りにさそい
やさしく愛し
めぐみをあたえながら　守って下さいます

食前の祈り

暗い土の中から　種が芽を出します
風の力にふれて　葉をひろげます
そして日の光をうけて　ゆたかな実を結びます

そのように心の種は　からだの中で芽を出し
そのように魂の力は　世の中に向けてひろがり
そのように私たちは　精神の光の中で
ゆたかな実を結ぶのです

朝の祈り　その一

お日さま　あなたは私の頭上で輝いています
お星さま　あなたは野原や町の上で光っています
虫やけものたち　君たちは
母なる大地の上で動いています
木や草たち　君たちは
大地とお日さまの力で生きています
岩や石たち　君たちは動物と植物と
そして人間の私を強くします
人間は　頭にも心にも
神さまの力を感じながら　神さまの働きで
力強く世の中を　生きていくのです

朝の祈り　その二

私のまわりには　多くの生命《いのち》が生きています
私のまわりには　多くの事物《もの》があります
私の心の中でも　神さまは世界に向かって
話していらっしゃいます
私がすべての生命《いのち》を愛し
すべての人を愛することができれば
神さまは一番よくお話して下さるのです

朝の祈り　その三

植物は　日の光の力で　生きています
人間のからだは　魂の光の力で　働いています
植物には　天の日の光が大切であるように
人間のからだには　魂の光が大切なのです

朝の祈り（九歳以上）　その四

私が太陽を見るとき
私は神さまの知恵を考えます
私が手を動かすとき
私のなかに神さまの願いが生きています
私が歩くとき
私のなかに神さまの意志が働いています
私が人間を見るとき
その人の中に神さまの願いが生きています
神さまの願いはけものや植物や石の中にも
生きています

私が神さまの知恵を考え
私が神さまの願いを生き
私が神さまの意志のままに歩むとき
決して恐怖が私を襲うことはできません

夕べの祈り

美しいものに　感動します
真実のものを　大切にします
高貴なものを　尊敬します
善きものの側に　立ちます
そして
人生の目標を目指して
行いを正しくします
感情に安らぎを与えます
思考に光を与えます

すべてのものの中の
大宇宙の　そして私の魂の奥底の
神の働きを信じます

学校での朝の祈り（一年生から四年生まで）

やさしい日の光が
毎日を明るく照らします
心の奥の霊の力が
手と足に力を与えます
神さま　日の光の輝きに包まれて
私は人間の力を信じます
そして　それを敬います
神さま　あなたは私の心の中に
この人間の力を授けて下さいましたから
私は働き　そして学ぶことができます
神さま　光と力はあなたから生じました
愛と感謝があなたのところに
とどきますように

学校での朝の祈り（五年生以上）

私は世界に眼を向けます
そこでは太陽が輝き
星がまたたき
大地が起伏し
植物が　生きながら育ち
動物が　感じながら生き
人間は　魂の中に　霊性を宿らせます
私は魂に
私の内なる魂のいとなみに　眼を向けます
神の霊は　太陽の光の中にも
魂の光の中にも輝いています
外では　大宇宙の広がりの中で
内では　魂の深みの中で

おお　神の霊よ
私はあなたに向かって祈ります
学ぶための　そして働くための
力と祝福とが
私の内部で
成長していきますように

解説

生きる意志と子どもの教育

◉意志の教育は教育の基本

これから「子どもの教育における意志の問題」を取り上げますが、この問題との関連で、ルドルフ・シュタイナーの基本的な思想に触れて、本書の解説に代えたいと思います。

なぜ意志の問題なのかと言いますと、意志の働きは、何といっても私たちの生き方の基本になるものですし、生きようとする意志のないところからは何も生まれようがないからです。このことは教育の問題に限りません。たとえば、シュタイナーの研究家でもあった間章《あいだあきら》（ジャズ評論家、一九四六―七八年）も、「即興的な方法」という言い方で、「芸術における意志の問題」を掘り下げて論じています。即興演奏でもやはり意志の働きが決定的な役割を演じているようです。

教育問題に戻って言えば、この頃は子どもの自殺がニュースとしてたびたび取り上げられるようになりました。以前にヨットの訓練で自閉症を克服しようと、親たちが或るヨットの合宿練習に登校拒否の子どもをむりやり連れて行ったら、その合宿に参加しきれずに死んだ子がいた、という痛ましい話が報じられました。一見おとなにはつまらなく思えるようなきっかけで、たとえば、親に頼んだのにラジオカセットを買ってもらえなかったという理由で自殺した子どものことも報道されました。

現象的に見れば、そのきっかけはつまらないことのようですが、その子にとっての生きる意志は、その時点でほとんど失われていたのです。子どもの中の生きる意志、今、教育の問題としてこのことを根本的に考え直さなければいけないのではないでしょうか。

そこで、意志とは何かをあらためて考えてみますと、現代の学問が意志の問題に真正面から取り組んでいるようにはとても思えないのです。哲学の分野でも、かつてショーペンハウアー（一七八八―一八六〇年）が『意志と表象としての世界』の中で、意志が人間だけでなく、世界全体を存在させている根本的なエネルギーだと論じましたが、それ以来、意志に対する学問的な関心は決して深められてきたとは言えません。特に第二次大戦後の現代では、哲学も心理学も、意志を学問の対象にはしていません。学者が、人間の心の中に意志の働きをいくら探ってみても、どこにも意志らしいものは存在していません。そこにあるのは感覚による知覚活動と、快、不快の感情、知性の働きである判断力、そしてそれらの記憶内容、それにせいぜい本能や欲求のもとである無意識のたぐいです。それ以外には人間の魂の働きの中にほとんど何も見当たらないので、したがって、そういう学問研究とその研究によって生み出される文化そのものの中にも、学校教育の中にも、生きる意志が育つような、そういう土壌が見当たらないのです。

◉意志は人間存在の根拠

そこで、これからその意志の問題をめぐって、シュタイナー教育の根本を考えてみたいのですが、その前に、ごく一般的に意志とは何かを考えてみましょう。たとえば、私たちのまわりにいろいろ複雑な機械が置いてあるとします。何でもよいのですが、たとえば宇宙戦艦ヤマトですと、その宇宙戦艦ヤマトの司令室には、あらゆる種類の機械が装備されていて、その中央に司令官が座り、そして、それぞれの機械の前には、専門の乗組員が部署についています。その場合、いったいどういう形で「宇宙戦艦ヤマトの意志」は働いているのか、と考えてみますと、その宇宙戦艦を動かしている一番中心の人物は当然艦長のわけです。

艦長のところには、いろいろな情報が伝えられてきます。未確認の物体が接近してきたとか、敵機らしいものがこちらに向かってくるとかです。そうすると、そのつど艦長がそれにどう対処したらいいかを指令します。その宇宙戦艦を一人の人間であると考えますと、その人間を動かしている司令官である艦長は、当然自我に当たります。そして、あらゆる種類の複雑な機械はその人間の神経感覚系や呼吸律動系などです。機械と一体になってそれを動かしている一人ひとりの乗組員は、たとえば、判断力であったり、喜びや悲しみであったり、計算する能力であったり、記憶能力であったりするわけです。

　しかし、その中のどこにも意志らしいものは働いていないのです。つまり、判断力の中心に艦長がいるわけです。そして、非常に複雑で精巧な機械を通して情報が彼のところに伝達され、その艦長と情報との間に、それを仲介するいろいろな乗組員が働いているのです。機械そのものがもっと発達すれば、艦長も存在する必要がなくなって、自動制御装置が艦長の仕事を代行するようになれば、伝えられる情報がおのずと初めにプログラムされたものの中で的確に処理されることになります。そうなると自我そのものも存在しないですむことになりますが、実際、現代の哲学では、自我というものも存在しない、という立場も案外多いのです。

　それでは、意志はその場合どこに働いているのかというと、意志は、そもそもその宇宙戦艦ヤマトを造ったときの、なぜ造ったのかという宇宙戦艦の存在する根拠の中に、存在目的としてあるのです。

　あるものが存在するとき、その存在する根拠が明らかになりませんと、その存在の目的も明らかになりません。目的とは根拠を明らかにすることだ、とカントが述べていますが、そうすると、宇宙戦艦が造られた段階で、その宇宙戦艦を造った目的がその艦の中に込められているはずです。たとえば、アルファ・ケンタウリとか、イスカンダルとかという果てしない彼方の星へ向かって発進するという行動目的そのものの中に、宇宙戦艦の存在する根拠である意志が働いているはずです。ところが、もしその宇宙戦艦の今の一瞬一瞬だけを切り離して見てみると、或るときは敵から逃れるために目的地の反対方向へ向かって航行中かもしれませんし、大きな遮蔽物《しゃへいぶつ》の陰に隠れてじっとしているかもしれません。機械も司令官も乗組員も、そのときの状況に適応しようと必死です。

　同じような例をもう一つ挙げれば、人間の意識を演劇の舞台として考えることもできます。そうしますと、見えない舞台裏の楽屋その他は、無意識の世界です。まずプロデューサー、それから演出家、脚本家、役者、その他いろいろな人が長い時間をかけて台本を練り、それを練習し、いよいよ舞台にかけるまでのプロセスは、いわば無意識の行為です。そしていよいよ舞台の幕が開いて、意識の世界が舞台となってドラマを展開します。その場合、自我に当たるのは、その舞台を演出している演出家ですが、観客もその自我の分身となって、演出家と一緒にその舞台を鑑賞しています。そして、舞台に登場するいろいろな人物——主人公、女主人公、傍役《わきやく》——または大道具、小道具はみな、人間のもろもろの思考や感情や記憶や知覚内容などということになります。そうしますと、意志はどこにあるかといえば、先ほどの例から考えると、当然その芝居の上演目的、なぜこの芝居をやろうとしたか、ということの中に見られるはずです。そしてこの場合にもやはり、第一幕や第二幕の一場面一場面を取り出してみても、意志はその中にははっきりとした形では現れてきません。このように、個々の時点では現れてこないのが意志なのです。

◉意志は日常、意識できない

そこで、シュタイナーはこう考えます。——「意志は、覚醒時の——朝目が覚めてから夜眠るまでの間の——人間の日常生活の中では眠り込んでおり、意識化することはできない。もし意志が意識化できたら、人間は苦痛のあまり一分間も生きてはいけない」。

先ほどの宇宙戦艦の例をとれば、その艦長が戦艦の目的を達成するために、いちいちコンピューターの細かいプロセス、つまりどこにどんな部品が組み込まれているかとか、その配線の一本一本の中のどこに今電流が通っているかとか、それは全部意志に関わってくるわけですが、それをいちいち意識していたら、とても艦長の役目が務まらないのと同じように、人間の自我は、目が覚めてから眠るまでの間、生きる目的のために意識をはっきり保っているとしても、たとえば歩いているときに右の脚の筋肉のどの部分を緊張させ、どの部分を弛緩させて、何センチ何ミリの幅で脚を前へ出したらいいかを計算したり、黒板の前に立ってチョークを取るときに、手にどれくらいのエネルギーを送ったらいいかとか、いちいち意志の働きを意識して計算するとしたら、とても生きていけません。それどころか、意識の機能が過熱して、自我が破壊されてしまいます。したがって、意志は日常生活においては眠り込んでいる、と言うのです。日常生活においては、思考が一番目覚めており、感情は半ば夢見ており、そして意志はぐっすり眠っているのです。

◉人間の魂の営みを支配する意志

しかし、人間の魂の営みを知・情・意――思考と感情と意志の三つに分けた場合（これは東洋でもヨーロッパでも、魂の諸能力の基本的な区分になっていますが）、この三つのうちの何が生活するのに一番重要な役割を果たしているかと考えますと、順序が逆になるような気がします。

なかなか寝つけないときに、純粋な思考に意識を集中してみます。何でもいいのですが、たとえばピタゴラスの定理を証明する問題を寝ながら考えてみますと、そのような思考力が働いている場合には、比較的気持ちよく眠りに入ることができます。単純な計算をしても同じように眠れます。ところが、気持ちが高まっているような場合、悲しいことがあったり、くやしいことがあったりした場合には、なかなか寝つけません。涙を流したり、自分で自分を責めたりして、感情のエネルギーが消耗し尽くしたあとで、疲れてやっと眠るのです。ところが、もし絶対自分は眠らない、と意志するとき、たとえば雪山で遭難してしまい、眠くてたまらなくても、眠ったらそのまま凍死してしまうようなとき、人間は眠らないですむだけの意志力が出てきます。ですから「眠り」という一種の小さい「死」の状態に一番強く抵抗して、人間の「生」を支えてくれるのは、思考や感情よりもむしろ意志の力だと言うことができるのです。

●七歳までに意志を培《つちか》う

そういう意志の働きを考えると、ルドルフ・シュタイナーが、教育の根本はゼロ歳から七歳までの間に意志を教育することにある、と言った意味が分かってきます。もしもこの期間に意志の教育ができなかったら、その結果を取り返すのは、とても難しくなってしまいます。その子がたとえ豊かで感じやすい感性と鋭い論理的な思考力の持ち主であったとしても、目的に向かって邁進するときの自分の存在の根拠を実感するのが難しくなってしまうのです。

そして意志はさらに、別の意味でも思考生活の対極にあります。たとえ人の考える行為が死とともに失われるとしても、その人が子どものときから老年に至るまで培ってきた意志の力は、決して死とともに消え去りはしないのです。そのことにはあとでもう少し触れたいと思います。

そういう意志の生活を、特にゼロ歳から七歳までの間大切にしなければいけないというのが、シュタイナー教育の基本なのです。

◉シュタイナーの七年周期説

シュタイナーは、人間の一生が七年ごとの大きな周期を繰り返していると考えています。ゼロ歳の始まりに、母胎の中から地上に生まれてきた子どもは、自分の肉体の物質的に一番堅い部分である歯が生え変わる七歳前後の時期に、最初の成長周期を完成させます。そして、七歳から七年目の一四歳のときは、男も女も、その肉体の生殖器官が成熟する時期に当たります。人によって違いますが、生殖器官が成熟する時点で、大きな人生周期の第二の発展段階を完了します。そして一四歳から二一歳までに、情緒生活やそれに伴う知的判断力を一応成熟させるのです。それから二一歳から二八歳までの二〇代の大部分の時期を通して、自分の運命を自覚し、自我を成熟させるのです。

◉七歳までは肉体形成のために生命力を消費する

そういう七年周期の最初の七年間を考えてみますと、ゼロ歳から二歳半ぐらいの間、二歳半から五歳ぐらいの間、五歳から七歳ぐらいの間に大きな三つの峠を通って、そして七歳の歯の生え変わる時期に至るまでに、人間の一番基本になる肉体の条件を整えるのです。

まずゼロ歳から二歳半までの間に脳の組織が基本的に整い、二歳半から五歳くらいの間に脳だけでなく、胸部の呼吸器系と循環器系をも発達させます。そして七歳までに、神経＝感覚系、呼吸＝循環系とともに代謝系と肢体系、つまり下半身をも発達させます。

七歳までの肉体を発達させる七年間には、人間の生命エネルギーのすべては、この肉体の基礎的形成のために向けられています。そして、肉体が一応の完成をみる七歳を通過しますと、それまで集中的に肉体の形成に関わっていた生命エネルギーの或る部分がその作業から解放されます。その解放された生命エネルギーは、七歳から一四歳までの間、小中学校での生活の基本的な喜びと悲しみの感情、愛情、驚き、芸術的な感受性、さらにはファンタジー、想像力などを発達させる力になります。その力は、それまで肉体を形成するために使われていたのと同じ生命エネルギーです。ですから、ゼロ歳から七歳まではもっぱら肉体の成長のために使われるべきエネルギーを、親や先生その他のまわりの人がそのために使わせないで、全然別のことのために使わせるとすると、そのエネルギーの不足分だけ、その肉体のどこかに未発達な部分を残して次の段階を迎える、と考えられます。シュタイナーによれば、早期教育を受けて、四歳、五歳のときに文字を強制的にたくさん憶えさせられた人が、四〇代になってからリューマチのような肉体の障害に悩まされることがあるというのです。それはともかく、幼児期の過度の知育と後半生の健康状態との深い有機的な結びつきを理解することも、幼児教育者の大切な務めだと思います。

シュタイナーは幼児教育について、いろいろ大事な示唆を与えてくれました。その示唆にのっとってそれぞれの幼児教育者が実際に理解を深めていくことが大事だと思いますが、そのような示唆は非常にたくさんあります。

その中でも特に大切なのは、「ゼロ歳から七歳までの子どもは、模倣衝動で生きている」という観点です。子どもは、幼ければ幼いほど、ひたすら模倣しようとしています。言い換えると、ひたすら感覚的に生きようとしているのです。どのくらい感覚的な存在なのかというと、おとなが想像できないくらいに大変なエネルギーを使って感覚を日々体験しているのです。そして殻のない卵の黄身のように、魂をむき出しにして、外に自分を開いているのです。

おとなでしたら批判力がありますから、外から来る印象の中で自分にとってプラスになる印象とマイナスになる印象を的確に選《え》り分けて、マイナスになる印象は自分の中に入ってこないようにすることができます。けれどもそのようなおとなでさえも、たとえば、催眠術師に何かを言われますと、そういう一種の防御装置が働かなくなって簡単に眠り込み、言われる通りにしてしまいます。つまり外から響いてくる言葉が、その人の肉体にまで影響してしまうわけです。

ゼロ歳から七歳までの子どもは、いわば催眠術の被術者の状態で外に向かっていると言えます。ですから親や先生が自分の主観的な感情で何かきついことを言ったり、自分のやりきれない感情を子どもにぶつけたりすると、その子は、外には現れなくても、ちょうど催眠術をかけられたように、魂の奥底から肉体の隅々にまでその影響を受けてしまうのです。そして、子どもは周囲の人の立居振舞いをすべて模倣しようとしますから、親が大きな声で怒鳴《どな》りつけたら、子どもは怒鳴りつけられた言葉の意味を考えようとしないで、今度は自分のいつもの部屋の片隅に戻ってきて、自分のお人形に向かって同じような口調で怒鳴りつけたりするのです。

幼稚園に行った子は、幼稚園の先生がお絵描きしているところを見ると、黙ってそばで何気なく見ていますが、今度は、「一緒にやる?」と先生に言われて、クレヨンと画用紙を渡されると、先生がやったことを一生懸命真似しようとするのです。

そういう真似しようとする衝動は、子どもにとって、ほとんど宗教行為と同じくらい神聖な行為なのです。そして、その行為の一つひとつが魂の養分になり、肉体の養分になって、子どもの中に入っていくのです。

●シュタイナー幼稚園は模倣による保育

ですからシュタイナー幼稚園は、徹頭徹尾幼児の模倣衝動に応えるような保育を行っています。たとえば、保育の内容を大きく二つに分け、先生による保育の時間と、子どもたちだけでお遊びをする自由遊びの時間としますと、保育の方は、たとえば一週間、月曜日はお絵描きの時間、火曜日は幼児オイリュトミーの時間、水曜日は粘土を捏《こ》ねる時間、木曜日は散歩の時間、金曜日は歌を唱《うた》う時間、土曜日は一緒にお芝居をやる時間、というふうに大まかに決めておきます。月曜日に園児たちがやって来ますと、点呼なんかとらないで、お絵描きの時間ですから、先生はもうとっくに保育室に入っていて、赤と青と黄色の三種の絵具を水で溶いておいてそこに並べ、次に画用紙を水に浸した海綿で濡らしておいて、先生は一生懸命絵筆でもってその上に自由なお絵描きをしているのです。青い色だけを画用紙一面に塗ってみたり、真ん中に赤い斑点を作ってそのまわりを黄色い色で取り巻くとか、好きなことをやっているのです。そうすると、やって来た子どもたちが、先生のまわりを取り囲んで、がやがや騒ぎながら、「うまいなあ」とか「へただなあ」とか言いながら見ているのですが、そのうち先生が「君たちもやってみる？」と言うと、みんな「うん、やってみる」と言うのです。

そういうところから模倣衝動の教育を始めるのです。そして出来上がったものは、どれがうまい、どれがへたということは一切言わないで、時間が来るとそれを一枚一枚決まった場所に子どもたちに運ばせます。それからその使った用具をしまって、それで今度は自由時間です。自由時間は、けがをしない限りは何をしてもいいという自由時間です。この自由遊びも子どもの意志の形成に大きな役割を果たします。

満一歳が過ぎ、乳母車の必要がなくなり、よちよち歩きができるようになったときに、庭や外に出て、お母さんに手を引かれながら歩いているとします。そういうときシュタイナー幼稚園に子どもを通わせているお母さん方は、なるべく子どもの好きなように歩かせます。そうすると、子どもは道端に咲いている花を五分でも一〇分でも眺め続けたり、道端に止まっている自動車を不思議そうにじっと見たりするかもしれません。そういう子どもの自由な動きを親は妨げようとしません。先ほど言いました感覚器官を完全に働かせることができるように、そのための配慮をするのです。そのことがどんな早期教育よりも、将来の知性の発達にとって有効だからです。

ところが、子どもが感覚を土台にして何かを体験しようとしているとき親から止められると、子どもの感覚生活が抑えられます。日常生活の中でいつもそうできるとは思えませんけれども、意識的にそうしようとするかしないかで、幼児の教育は大きく変わってくるのです。家庭の中では感覚体験が徹底できないので、その代りに、感覚のための理想的な環境造りをしようとするのがシュタイナー幼稚園の存在する理由なのです。何かを教えるために幼稚園があるのではなく、模倣衝動と感覚体験を個々の家庭でやるよりももっと自由に、危険でなくできるための環境を与えるのが幼稚園なのです。

●自由な遊びは感覚器官を発達させる

そして、幼稚園の先生という仕事は、シュタイナーによれば、あらゆる職業の中のどれよりもこれからの社会に大きな影響を及ぼす大事な職業なのです。ですからそういう意識をもって子どもに向かうように、とシュタイナーは願っていたようです。

もともとシュタイナー学校では、上級学校と下級学校との先生方の間に、なんらかの意味での差別はありません。大学の先生がいたとしても、その大学の先生と幼稚園の保母さんとの間に、社会的な意味でも精神的な意味でもなんの差別もないのです。

それどころか、幼稚園の先生の方が、その現場を通して、ずっと大きな精神体験ができると考えています。そういう点で、幼稚園の先生の精神生活の方が大学の先生の精神生活よりも豊かだという考え方さえ成り立つのです。なぜかというと、幼児期の子どもくらい豊かで創造的なものはないからです。幼児期の子どもの中には人間のいろいろな謎が、いろいろな形ではっきり表に現れています。ただそれを見る眼があるかないかの問題ですから、その見る眼を養うということが、教育学の課題になってきます。そういう意味で、シュタイナー幼稚園の先生たちはとても生きいきしています。そして学習意欲も旺盛で、互いに話合いの時間を大事にし、さまざまの研究会や講習会にも参加して、人間学を学んでいます。

そういうシュタイナーの教育学で大事なのは、人間とは何かという一般人間学を知ることと、幼児の一人ひとりがどのように他の幼児と違っているかという幼児の個性を知ることとの両方です。その両方を並行して考えるのです。

◉人間の本性――霊と魂と体

ルドルフ・シュタイナーは教育者ですけれども、ご承知の通り建築家でもあり、ゲーテ学者としても有名です。それから農業をやっている人は、シュタイナーを有機農法の創始者の一人として評価しています。

しかし、シュタイナーの中で特に私に興味があるのは、神秘学者としてのシュタイナーです。オカルティストとしてのシュタイナーは、二十世紀の文明や文化の抱えている矛盾、困窮、あるいはその没落に対して、まったく新しい、ラディカルな観点から、可能な道を示してくれました。

修行 ← 教育 ← 治療

霊（精神界）
⇄
魂（主　観）
⇄
肉体（自然界）

この図式では左側に、肉体、魂、霊、と書きましたが、これは、一霊四魂と言うように、日本では伝統的に古くからあった考え方です。霊は一つ、魂の部分は四つある、と日本では考えていたのです。奇魂《くしみたま》、荒魂《あらみたま》、和魂《にぎみたま》、幸魂《さきみたま》という四つの魂、それに一つの霊があるという形で、日本の霊学では、霊と魂の問題を昔から考えていたのですけれども、ヨーロッパでは、ご承知の通り、霊、魂、体という言い方はしないで、霊と魂を一緒にして普通、精神とか心とか心理とか言っています。そして魂と肉体、あるいは心と身体という二つの区別を伝統的にしてきたのです。それではいつ頃からそういう考え方が出てくるようになったのかと言えば、大体九世紀の頃からなのです。それ以前のヨーロッパの考え方は、伝統的な日本の考え方や仏教の考え方、あるいは古代ギリシアの考え方と同じように、人間の本性は肉体と魂と霊の三つの部分から成り立っていると考えていたのです。

霊とは神の光のことです。一人ひとりの人間は、昔の表現を使えば、神の光をそれぞれ担っているのです。神の光を担っているということは、言い換えますと、神というのは創造主ということですから、先ほどの宇宙戦艦ヤマトで言うと、宇宙戦艦を設計した設計家ということになります。宇宙戦艦をなぜ造ったかという目的は、設計家の中には当然意識されていたわけですから、一人ひとりの人間に霊的な部分があるということは、一人ひとりの人間が、自分はなぜこの世に、今ここに存在しているのかということ、自分の存在の目的と自分の存在する根拠とを自分で知りうる、ということを意味するわけです。それが人間の霊ということです。

魂というのはそうではなくて、何か自分のまわりに対象があったときに、自分にとってそれが気に入るか気に入らないか、その対象が自分にとってプラスになるかマイナスになるかということを、自分という主観との関係において体験する働きです。

そして、ほぼ九世紀の頃から、ヨーロッパでは人間が肉体と魂と霊という三つの部分を担った存在だという考え方は異端的な考え方として否定されます。なぜかというと、霊に当たる部分は教会だったからなのです。人間はなぜ生きるのかということを、教会に属することによって初めて、信仰を通して、知らされます。しかし、もし教会に属さない一人の人間が信仰を持たないで生活していたら、その人は必ず「迷える仔羊」になってしまい、したがって、何のために生きているのか分からない、かわいそうな人ということになります。こう考えるのがそれ以後のヨーロッパの考え方で、それが十九世紀まで続き、学問にもずっとその影響が及んでいたのです。

したがって、たとえば平凡社の大きな哲学事典を引いてみても、魂、英語のsoulというところを引くと、「心または精神」と書いてあり、霊の部分spiritのところを引くと、同じように「精神または心」と書いてあるのです。そのように、霊と魂の区別は学問的にはまだ全然できていないのです。言い換えれば、肉体と魂という区別は知っているけれども、肉体と魂と霊という区別は学問的には知られていないのです。

そこで、もし今霊の部分が消えて、肉体と魂だけということになりますと、魂というのは主観的に好きか嫌いかという反応を示す働きですから、その好きか嫌いかを判断する機能を、何が生み出しているのかというと、肉体が生み出している、と考える方向が、次第に有力になっていきます。その方が考え方として容易であり、つじつまが合うからです。ですから、霊がない形での肉体と魂という発想は、最後には、魂も肉体がつくったものだ、存在の根拠は肉体なのだ、という肉体一元論にならざるをえないのです。そこまできたのが十九世紀で、したがって肉体もしくは身体の思想というのは、マルクスの場合も、フロイトやサルトルの場合も、肉体こそがすべての根拠だという考え方に落ち着くことになります。フロイトのような人は、肉体を物質と生命というふうに二つに分けて、一種の二元論に立っていますけれども、しかし、ぎりぎりのところでは、その二元論も、生命は物質によって生み出された、という肉体の一元論に、つまり唯物論になるのです。

◉肉体一元論ではなく霊・魂・体の三分説

ところがシュタイナーは逆なのです。魂という主観がここ（166ページの図式参照）にあると、外界が二つに分かれて、一方に自然界という客観世界があり、もう一方には霊界という別な客観世界があるのです。そしてこの二つの客観世界に向き合って、魂が主観として存在しています。

こういう考え方が神秘学の基本的な発想です。

なぜこういう考え方をするのかについて、今はこれ以上触れませんけれども、考え方の基本として、人間の中には魂の部分だけではなく、価値を評価する能力、あるいは目的を理解する能力、それから美しいものを本当に美しいとして、主観的にではなく客観的に理解する能力を前提にするのです。それから、人は生まれながらにして善なる魂を持ってこの世に生まれてくる、という性善説の考え方も、「人性三分説」である霊、魂、体の発想から出てくるのです。

ところが、肉体と魂の二分説になりますと、肉体と魂だけですから、その魂は好きか嫌いかという主観的な反応しか示すことができません。生まれてきた子どもには外からしっかりした伝統の枠を与えて、その枠の中からはみ出さないような魂をつくっていかなければいけない、という教育観が当然成り立つわけです。そうしますと、子どもにはできるだけ躾《しつけ》を厳しくして、こうしてはいけない、ああしてはいけない、というルールに縛りつけて、幼い魂を特定の社会環境に適応させていくことが教育の基本になります。

ところが霊、魂、体の三分説の立場に立つと、生まれてくる幼い魂には霊的な部分があるのですから、その霊的な部分を損なわないで成長させるような魂を健全に育てていかなければなりません。ですから考え方が正反対になるのです。

文部科学省の教育審議会が肉体と魂の二分説の立場に立っているとすれば、当然、子どもとは、放っておけばどうしようもない人間になるような、善も悪も分からないままに生まれてきた存在なのだから、できるだけ枠をはめるのが教育だ、ということになります。文部科学省の通達などを読んでみますと、教師は体罰を加えてはいけないけれども、幼稚園の幼児から高等学校の生徒に至るまで、先生は厳しく叱って教育することができる、と書いてあります。

霊、魂、体という三分説には思考と感情と意志が対応しています。先ほど言いましたように、ゼロ歳から七歳までの子どもの肉体に生命力が集中して働いているとしますと、その肉体の本質に深く働きかけているのが意志であると言えます。そして対象に対して好き嫌いを表す魂が感情であると言えます。それから、霊的な働きを表現するものが思考であると言えます。

肉体を健康に、魂を自由に、霊を明晰に育成することが教育の理想である、とシュタイナーは言っています。肉体において健康な、魂において自由な、精神において明晰な人間をつくるのがシュタイナー教育の理想だと言うのです。

そして、もう一方の図に、治療、教育、修行と書いたのはこういうことです。

シュタイナーは医学の造詣が深かった人なので、晩年は専門の医者を集めて、医学の講座を開き、そして病人を連れてきては、その病人の診断を実践的に教えた人でした。そういう医学の実践を通して、今でもドイツで類似療法《ホメオパテイー》という医学の一派が盛んな研究活動を行っています。たとえば小説家ハンス・カロッサも、そういうことに非常に関心を持った人でした。カロッサの『成年の秘密』や『医師ギオン』を読みますと、カロッサのお父さんが類似療法の専門家だったことが書いてあり、そして医者としてのカロッサも類似療法をかなり大事にしていました。カロッサはルドルフ・シュタイナーと縁の深かった人です。

その治療もしくは医療と教育とが同じものだ、とシュタイナーは考えていました。医療は、肉体あるいは魂が健康でない人のためにあるのですけれども、教育も同じことです。誰でも一〇〇パーセント健全な人間ではありません。肉体的にも魂的にも、どこかの部分が病んでいます。そしてそれを治していくのは医学の問題でもあるし、教育の問題でもあるわけです。自己教育とか生涯教育とかを含めて、治療と教育、さらには「治療教育」は互いに結びついています。

しかし一見健全だと思われている私たちの魂も、決して完全なものではなく、無限の発展の可能性を孕《はら》んでいます。ですから自分の中の可能性をどう生かしていくかが、いつも問題になってきます。つまり修行の問題です。そして修行については、シュタイナーが行法を公開した『いかにして超感覚的世界の認識を獲得するか』（ちくま学芸文庫所収）という著作の中に、本質的に重要な内容がすべて含まれている、と思います。このように、治療と教育と修行は、切っても切れない一つの問題なのです。

●ロゴスの学ではなくソフィアの学

そこで一つの図式を考えてみました。

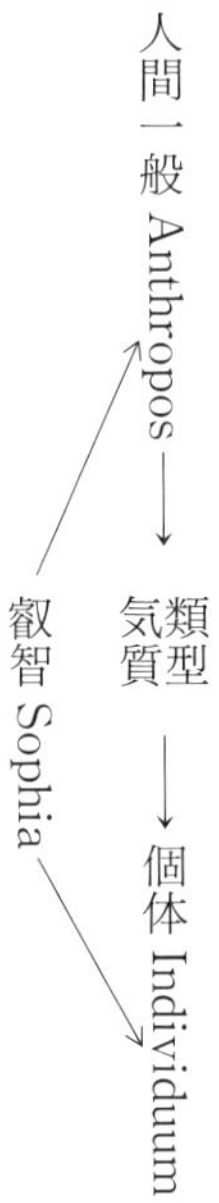

上が人間一般です。仮にそれをアントロポス（Anthropos ギリシア語の「人間」）と述べておきますと、下は個体（Individuum）です。この二つが、人間を理解するときに一番大切な二つの極になるわけです。人間とは何かが理解できなかったら、一人ひとりの個性も理解できません。しかし、人間が理解できても、まだ個性を区別することはできません。かけがえのない人間一人ひとりの価値がそれだけでは分からないのです。もしこの両極を繋《つな》ぐ一つの知性があるとすると、それは、ロゴス（Logos）の智恵ではなく、ソフィア（Sophia）の智恵です。ロゴスは、二つのも

のを区別し、差別します。あるいはどちらが優れていてどちらが劣っているかを冷たく判定します。

一方、違っているものを互いに結びつける、暖かい知性の働き、その智恵のおかげでみんなが調和的に結びつけるような働きを、ソフィアの働きと言います。ですから教育に限らず、一般に対象を認識する場合の方法を、シュタイナーはアントロポス（anthropos）とソフィア（sophia）を結びつけて、アントロポゾフィア（anthroposophia）あるいはアントロポゾフィー（anthroposophie）と名づけたのです。フィロソフィーを哲学、テオゾフィーを神智学と訳すように、アントロポゾフィーを「人智学」と訳しますが、その人智学の方法は、いつでも対極を考え、そして一方の極と他方の極の両方を結びつけることによって、今まで見えなかったものを見えるようにしようとする方法なのです。

●子どもの気質を知ることが必要

そこで人間一般と個体とをどう結びつけるのかというと、シュタイナーはそれを類型論、四つの気質論から行おうとします。

幼稚園の先生は、新しく入ってきた子どもたちを見るとき、三歳児なのか五歳児なのか、というふうに見ることを大事にします。五歳のときのかけがえのない体験、たとえばくるくる回ったり、はしゃいだりする一方で、お話を聞くのが大好きな、そういうかけがえのない体験が五歳児にあるとすると、それをどう伸ばすかを問題にしなければなりません。シュタイナー教育の場合、そういう五歳児と一緒にオイリュトミーをするのは、その子の魂の能力に大きな影響を与えると考えます。年齢に見合った教育をする、というのは一般人間学の課題ですが、それに対してもう一方で、幼稚園に入ってきた一人ひとりの子どもの個性を見分けることも必要です。そのような見分け方を、シュタイナーは四通りの仕方で教えています。

この四つは地、水、火、風、という自然の四つの在り方と結びついた区別です。地のタイプの子ども、水のタイプの子ども、火のタイプの子ども、それから風のタイプの子どもに分けるのです。地、水、火、風というのは四大元素と言われているもので、地は固体、水は液体、火は熱、それから風は気体と同じ意味です。あらゆる存在が固体、液体、気体、あるいは熱によって成り立っているという考え方なのですが、その中で、固い大地を思わせる気質を憂鬱質と名づけます。それから、水と共通した気質を粘液質、熱い火のような気質を胆汁質、空気や風のような気質を多血質と言います。

◎気質と四大元素との関連
地（固体）＝憂鬱質
水（液体）＝粘液質
火（　熱　）＝胆汁質
風（気体）＝多血質

そして、こういう四つの気質のすべてがどの人間に備わっていると考えるのですが、しかし、その四つのうちのどれかが顕著に現れているのが普通です。もちろんどの幼児にもそのような顕著な気質が備わっています。ですから気質の特徴を無視して、粘液質の子どもに対して胆汁質の子どもにふさわしいような態度で接するとか、胆汁質の子どもに、粘液質の子どもにふさわしいような態度で接するとかしますと、その子どもは違和感を感じてしまい、そこにいることがあまり楽しくなくなってしまいます。幼い子どもが、「生きていることは楽しいことだ」という基本的な気分を持てなかったら、そもそも教育だとは言えませんから、先生は、生きていることの喜びを実感できるようにするにはどうしたらよいかをいつも考えなければいけません。その場合に、四つの気質の違いを先生が知っているかいないかによって、大きな違いが生じるのです。まず先生自身が多血質なのか、胆汁質なのか、粘液質なのか、憂鬱質なのかを自分で知ることが大切です。自分が分からないで人を教育することはできないからです。気質の問題は、絶えず自分に立ち戻ることを要求される問題でもあります。

◉四つの気質をどう育てるか

それでは憂鬱質とはどういう気質なのかと言いますと、一番単純な例で言うと、たとえば眼の前に壁があったとして、その壁に行き当たった場合に、憂鬱質の人間はどうするかというと、すごすごと引き返してしまいます。これに対して粘液質の人は、じっとそこに立ち止まったまま動こうとしません。胆汁質の人はカッとなってその壁を蹴飛ばすのです。多血質の人は、その壁を平気で乗り越えて向こう側へ行ってしまいます。

肉体と気質は不可分に結びついていますから、体格から見て憂鬱質の人は、割と骨格ががっしりしていますが、あまり脂肪はなく、比較的痩せていて、歩くときに何となくうつむき加減に歩きます。血色はあまりよくなくて、字を書かせると小さくてきれいな字を書きます。粘液質のタイプは割に丸い感じで、よく栄養分がとれていて、血色もよく、物に動じません。まわりで何が起こっているかにもあまり興味を持たないで、むしろ内側の新陳代謝の方に関心があります。そして案外おとなになっても童顔で、動作は思ったよりも機敏なタイプです。胆汁質というのは、割と赤ら顔をしていて、肩や首のまわりの筋肉が逞《たくま》しく、動作はてきぱきとして激しく、歩いているところを見ても、踵《かかと》で地面を蹴って歩いているような感じです。多血質の人は、割とプロポーションがよくて、爪先立って宙に浮くような感じで歩くのです。人当たりがよくて、いろいろなものに関心がありますから、胆汁質の人だったらすぐに「そんなことがあってたまるか！」と怒鳴りたいところを、「ああ、そうですか。それはおもしろいですね」と言えます。ところが、粘液質の人なら、一つのことに取り組んだらなかなか離れようとしない粘り強さがあるのですけれども、多血質の人は、いろいろなものに関心がある代りに、すぐに飽きてしまって別のことに興味を移します。以上はそれぞれ極端な場合でしたが、たいていの人はこの四つをそれぞれ何十パーセントずつか共有しています。仮に二五パーセントずつ持っているとすれば、その人は調和のとれた人と言えるのかもしれません。

この四つの気質を、先生は調和的に育てていく必要があるのです。気質を育てることができませんと、その人はだんだん生きることに自信をなくしてしまい、自閉症になったり、いろいろな肉体上の疾病を生じさせたりします。最悪の場合には自殺したりすることになるのです。ですから、教育者が気質を理解することは、必要なことなのです。

◉リアリストとしてのシュタイナー

ここでまた話が変わりますけれども、もう一つ大事な概念を取り上げておきたいと思います。

今から八〇〇年くらい前の紀元十一、十二世紀から十九世紀に至るまで、ヨーロッパの学問を二分する大きな争いがありました。どういう争いかと言いますと、概念というものは本当に存在するものなのか、リアルなものなのか、それとも単なる抽象的な言葉にすぎないのか、という争いです。そして、概念をリアルなものだとする立場の人を、実在論者、リアリストと言いました。

今、リアリストというと、日常生活の中で感覚的に確かめられるものを頼りにして、眼に見えないもの、手で触れることのできないものを信用しない人のことです。ですから未来のことを夢見たり、過去のことをくよくよしたりするのは、リアリストのやることとは言えません。しかし、その当時のリアリストというのは逆でした。思考内容は感覚世界から離れたところでも実在する、という立場の人でした。それに対して、概念というのは言葉にすぎない、そんなものはどこにも実在しない、と主張した人は唯名論者、ノミナリストと呼ばれました。たいてい、思想の問題に関わる人はこのどちらかの側に立っていたのです。たとえばエンゲルスは、マルクス主義の認識論の系譜を辿っていくと、中世におけるノミナリストたちに行きつく、と『空想から科学へ』の中で言っています。確かにマルクス主義にとって、概念は言葉にすぎないのです。

◉肉体にまで思想を浸透させる

ところがシュタイナーはリアリストなのです。概念というのは実在する、と言うのです。どういう具合に実在するのかということは、教育にも非常に重要な問題を投げかけることなのですけれども、シュタイナーはほぼこんなふうに言っています。

「子どもたちが感覚を通して自分の周囲の世界から取り入れる事柄は、最後には頭の中に整理されていく。肉体による体験内容は、頭の中で整理される必要がある。しかし逆に、頭によって把握されたものは、最後には肉体の隅々にまでいきわたる必要がある」。したがって、概念、たとえば愛とか、誠実とか、正義とか、親切にするとか、そういう言葉は、単なる言葉であると同時に、概念としては生なましく生きているのですから、それを頭で整理するだけでなくて、身体の隅々にまでいきわたらせなかったら意味がないのです。

ところが、暗記によって概念を身につけたとしますと、幼児期の早期教育でもそうですけれども、特に中学、高校の教育において、記憶させ、試験によって絶えずそれを意識に上《のぼ》らせる、ということを教育だと思い込んでいますと、その教育を受けた子は、概念を肉体の隅々にまで働きかけさせることができず、初めから頭の中だけで整理してしまっています。けれども、肉体の隅々にいくためには、一度忘れないといけないのです。無意識の中で概念が生きるようになったときに初めて、その概念は肉体の中で生命力となって甦《よみがえ》ることができるのです。

ですから学問や芸術は、いったん吸収したのち、忘れてしまうのがいいのです。なぜ忘れることが必要かといえば、忘れることによって、その概念の光が意識の世界から無意識の世界に入り、無意識の世界で、初めにも申し上げた「意志」の力となって、肉体に影響するからです。これは決して仮説ではなく、事実です。たとえば健康な人が、「あなたは右足が悪いんじゃありませんか」とみなに言われていると、そのうち本当に右足が痛くなったりします。妊娠していないのに妊娠したように想いますと、妊娠という生きた概念によって、本当におなかが大きくなることもあるようです。そういうふうに概念は、肉体に働きかけ、肉体に影響を及ぼすことができるのです。

本来、人格形成を考えれば、概念に関わる教育は、概念を肉体の中に甦らせなければ何の意味もないのですけれども、今の教育は、頭から入ってくる概念を頭の中で整理するだけで、代謝系、運動系にまで概念を深めようとはしません。その結果、概念による栄養が与えられないために、肉体は動物的になり、たとえば、暴力的な行為に出るとか、無意識の衝動に振り回されるとかして、頭と肉体が分離することになってしまいます。概念はどうしても肉体の中に入らなければいけない、というのがシュタイナー教育の原則です。そのようにして肉体の中に入った概念が、意志を育てるのです。

◉幼児のためのお祈り

そこでシュタイナーは、特に幼児期の子どものためにどういう形で概念を肉体に入れることができるか、その具体的な方法を教えていますので、そのことを最後にご紹介したいと思います。その一つは『赤ちゃんのための眠る前の祈り』（本書133ページ）です。

お前の中に光が流れていきますように
私は愛をこめてその光につきそい
この上ない喜びとともに
お前の生命《いのち》のいとなみを見守ります
それはお前をすこやかにするでしょう
それはお前を支えてくれるでしょう

それはお前の心を明るくしてくれるでしょう
人生を歩みはじめるお前のために
心から　この私の喜びの気持ちが
お前の生きる意志と結びつきますように
そして　この意志が
どんな時にも　どんなところでも
自分自身で強く存在していけますように

このお祈りの言葉を生まれたての赤ちゃんの前で、毎晩、たとえば電気を消してロウソクを手に持って、言葉も何も知らない赤ちゃんの寝ている前で繰り返すのです。そうしますと、子どもはもちろんここに書いてあることは何も分からないわけですけれども、しかし言葉には概念としてのリアルな力があるので、それがお母さんの心の中を通過した生きた言葉となって子どもの心の中に流れ込んでいくのです。そうすると何も知らない子どもは、ただかわいくぱっちり目を開けて、お母さんの言っている言葉を音楽の響きのように聴いているのですけれども、その響きがお母さんの表情やお母さんの心と結びつき、子どもの実際の意志を育てる力になるのです。

それから三歳ぐらいになり、言葉を理解するようになってきますと、今度は別のお祈りの言葉に変えます。これは三歳ぐらいから七歳ぐらい、あるいは九歳ぐらいまでの子どもの前で唱えるのですが、最初子どもはやはり何のことか全然分からないで、ぽかんとして聴いているかもしれません。しかしそのうち一言二言、ぽつりぽつりと、お母さんの言っていることをつぶやくようになっていきます。それからだんだん、今度は一行一行お母さんと一緒に唱えるようになっていきます。まだ意味は何にも分からなくてもいいのです。けれどもその過程で、子どもの意志の働きの中にとても大きな栄養が流れ込んでいくのです。これも子どもたちが眠る前に、電気を消して、ロウソクを点じて、その光の中で唱えます。先ほどのはもっぱらお母さんが子どもに向けて唱える言葉でしたが、今度は子どもも自分で唱えるのです。

私の頭も私の足も
神さまの姿です
私は心にも両手にも
神さまの働きを感じます
私が口を開いて話すとき

私は神さまの意志に従います
どんなものの中にも
お母さまやお父さまや
すべての愛する人の中にも
動物や草花や
木や石の中にも
神さまの姿が見えます
だからこわいものは何もありません
私のまわりには
愛だけがあるのです

こういう言葉です（本書134〜135ページ）。これはヴァルドルフ幼稚園でも毎朝、朝のお祈りとして唱えられています。これが子どもの魂の日々の糧《かて》になるのです。

あとがき

「神父さま、少々おつめねがいます。化学さまのお通りですから」（原卓也訳）。

ドストエフスキーの小説『カラマーゾフの兄弟』は、教育の観点から見ても無数の貴重な示唆に富んでいるが、ドミトリー・カラマーゾフは弟アリョーシャに、時代の根本問題を端的にこう語っている。十九世紀後半から二十一世紀初頭の現代まで、自然科学はもとより、社会、歴史、教育の問題にいたるまで、学者だけでなく、神父さまによっても、科学的にものを考えることが当然だとされるようになった。その場合の「科学」とは、進化の原因は外なる物質的、社会的な環境の中にあるという考え方を言う。人間を含めたすべての生物は、その環境によりよく適応することで生き残り、生物がそうすることで環境もまた進化していく、というのである。十九世紀最高の論文と言われるダーウィンの『種の起原』も、近代労働運動の聖典となったマルクスの

『経済学批判』も、この点でまったく同じ立場に立っている。

一体教育とは、子どもを社会環境によりよく適応させるためのものなのか。しっかりと技術を身につけさせて、一生就職に心を悩ませずにすむように子どもを育てることが、親の願いなのか。本書の中心をなすエッセー『霊学の観点からの子どもの教育』は、こういう問題から論を進める。大切なのは、みながそれぞれ生命存在の各個体に内在する創造的な力を自覚することなのではないのか。その創造的な力を知るには、今日《こんにち》の科学的な方法論ではなく、霊学の方法論による人間認識が不可欠なのだ、と著者シュタイナーは断乎とした口調で語っている。

したがって本書は、人間の隠された本性である「創造的な力」の霊学的な考察から始める。つまりこの力を伝統的な神秘学の基本概念である肉体、エーテル体、アストラル体、自我という人間本性の四つの存在部分の中に見ようとする。肉体にも、エーテル体にも、アストラル体にも、自我にも、人間を成長させるための創造的な力が備わっている。その力は、子どもの場合、年齢によって異なる仕方で発達する。したがって年齢に応じた教育をしなければならない。それには以上の四つの人間本性を知ることが大切である。シュタイナーはそのために、人形、色彩など、具体的な例を挙げて、内なる創造力を外から刺戟し、発達させる「教育」の方法を論じている。このエッセーを読むと、いわゆる「シュタイナー教育」の原点がすべて盛り込まれている、と思わずにはいられない。

第二部では、感覚、芸術、道徳に関するシュタイナーの教育論を集めた。読者がそれぞれの立場から、第一部の原点を更に発展させるときの参考になるような内容のものが選ばれている。

第三部には、教育との関連で重要なシュタイナーの子どものための「お祈り」がまとめて収録されている。朝目覚めたあとで、夜眠る前に、あるいは食事の前に唱えるこれらの言葉は、子どもの心の奥底にまで深く働きかけて、人格の形成だけでなく、身体の健全な発達のためにも、大事な支えになってくれると思う。

最後に加えた解説「生きる意志と子どもの教育」は、以前単行本の一部として上梓したが、このたび本書の解説として、加筆・訂正のうえ、掲載させていただいた。

「精神と物質との戦いの中で、永遠の死の側にではなく、再生への希望の側に立とうとするすべての人のために、本書が力づけとなりうるように」、と一九八六年の旧訳版のあとがきに記したが、今回もこの言葉でこのあとがきを締めくくりたい。

なお、今回筑摩書房から「シュタイナー・コレクション」を刊行することになり、本書がその第一回配本になる。この場を借りて、この企画を実現させてくれた方々、特に以前から一緒にシュタイナーのことを語り合ってきた戸田浩さん、細かく内容をチェックしてくれた二宮隆洋さんに感謝したい。

二〇〇三年三月二七日　町田にて

高橋　巖

著者紹介
ルドルフ・シュタイナー　Rudolf Steiner　1861-1925
ドイツの思想家。人智学（Anthroposophie）の創始者。旧オーストリア＝ハンガリー帝国領の辺境クラリェベック（現クロアチア領）に生まれ、ウィーン工科大学に学ぶ。1883年から97年、キュルシュナー国民文学叢書のために『ゲーテ自然科学著作集』全5巻を編纂する中で、ゲーテの有機体思想、とくに形態学に深い解釈を加え、新しいゲーテ研究の道を開いた。1902年、神智学協会ドイツ支部設立にあたり、書記長に選ばれたが、以後新しい総合文化の必要を説き、その基礎となるべき人間観や宇宙観を、(1)霊性のヒエラルキア、(2)輪廻転生、(3)存在界の三区分（物質界、生命界、霊界）、(4)死後の世界の存在等の観点から多面的に論究した。彼は、すべての人間の中には、特定の修行を通して高次の認識を獲得する能力がまどろんでいるが、この認識の上に立てばこれらの問題を近代自然科学と同じ厳密さで探究できると主張し、この行法を『いかにして超感覚的世界の認識を獲得するか』（1904-05）の中で提示する一方、『神智学』（1904）と『神秘学概論』（1909）の中で、以上の諸問題に近代的な認識批判の立場にとっても受け容れられるような表現を与えようと努めた。彼の影響は宗教、芸術、教育、医療、農法等の分野にも及んだが、とくにキリスト者共同体運動、新しい運動芸術であるオイリュトミー、自由ヴァルドルフ学校、類似療法医学、有機農法などが有名である。また個人ではシュヴァイツァー、ユング、ヘッセ、パウル・クレー、モルゲンシュテルン、ブルーノ・ワルターらにその影響が見られる。
『自由の哲学』『神智学』『いかにして超感覚的世界の認識を獲得するか』『神秘学概論』（いずれも「ちくま学芸文庫」に収録）のほか、著書・講演録多数。

訳者紹介
高橋 巖　たかはし いわお
東京代々木に生まれる。慶應義塾大学卒。戦中戦後の混乱の中でヘッセの『デーミアン』と出会い、その延長上で、ドイツ浪漫派、ルドルフ・シュタイナーの研究を続ける。ドイツのミュンヒェン、シュトゥットガルト、ハンブルクに留学後、85年日本人智学協会を設立、今日に至る。『神秘学入門』（ちくまプリマーブックス）、『若きシュタイナーとその時代』（平河出版）のほか、著訳書多数。

子《こ》どもの教育《きょういく》
シュタイナー・コレクション　1

2003年 6月20日　初版第 1 刷発行
2021年11月15日　初版第11刷発行

著　者　ルドルフ・シュタイナー

訳　者　高橋　巖（たかはし・いわお）

発行者　喜入冬子

発行所　株式会社筑摩書房
東京都台東区蔵前 2-5-3
郵便番号 111-8755
電話番号 03-5687-2601（代表）

印　刷　明和印刷株式会社

製　本　株式会社積信堂

装丁／本文デザイン　神田昇和

Printed in Japan
ISBN 4-480-79071-3 C0310

筑摩書房
シュタイナーの著作［既刊］

シリーズ

ルドルフ・シュタイナー教育講座　全3巻別巻1　高橋 巖訳

1巻　教育の基礎としての一般人間学

2巻　教育芸術1　方法論と教授法

3巻　教育芸術2　演習とカリキュラム

別巻　十四歳からのシュタイナー教育

ちくま学芸文庫

神秘学概論　高橋 巖訳

神智学　高橋 巖訳

いかにして超感覚的世界の認識を獲得するか　高橋 巖訳

自由の哲学　高橋 巖訳

単行本

ルドルフ・シュタイナー 遺された黒板絵　高橋 巖訳

ルドルフ・シュタイナーの100冊のノート　高橋 巖訳

人間理解からの教育　西川隆範訳

シュタイナー経済学講座　西川隆範訳

その他の関連書

神秘学入門　高橋 巖著：ちくまプリマーブックス135

シュタイナー入門　小杉英了著：ちくま新書272

フォルメン線描　E=M・クラーニッヒ他著／森 章吾訳：単行本

色彩論　ゲーテ著／木村直司訳：ちくま学芸文庫